블레스유 플라워 레슨

한 그루의 나무가 모여 푸른 숲을 이루듯이
청림의 책들은 삶을 풍요롭게 합니다.

워너비 플로리스트가 전하는
꽃에 관한 모든 팁.

Bless you flower lesson

블레스유 플라워 레슨

최민지 지음

청림Life

prologue

요즘처럼 꽃을 좋아하는 분들이 많았던 적이 또 있을까 싶어요. 카페나 레스토랑, 의류 매장과 같은 공간에서도 식물을 활용한 인테리어를 많이 볼 수 있게 되었고요. 취미로 플라워 레슨을 듣는 직장인들도 많아졌고, 직접 꽃시장에 나가서 친구들과 함께 꽃을 사서 나누는 모습도 종종 보입니다.

반드시 특별한 날에만 꽃을 사는 것이 아니라 꽃이 있어서 일상이 특별해지는 경험을 해본 사람이라면 누구나 꽃에 관심을 갖게 되지요. 이제는 커피가 없는 하루를 상상하기 힘들게 된 것처럼 언젠가는 식탁 위에 꽃이 없는 일상이 허전하고 이상하게 느껴질지도 모르겠어요. 그런 날이 머지않아 올 것 같은 기분 좋은 예감이 듭니다.

'블레스유 플라워'에는 꽃이 좋아서 원데이 클래스를 들으러 오시는 분들도 있고, 플로리스트를 꿈꾸며 전문가 과정을 배우러 오시는 분들도 있어요. 갈수록 수업이 많아져서 정신없이 바쁘지만 그만큼 많은 관심을 가져주신다는 뜻이니 감사할 따름이지요.

수업을 하면서 플로리스트로서 내 이름을 건 예쁜 책 한 권을 꼭 쓰고 싶다는 생

INTRO

각을 했어요. 그러던 중에 좋은 기회를 만났지요.

평소의 모습과 특별히 다르지 않은 '나다운 책'을 쓰고 싶었어요. 작품을 만들 때도 지나치게 꾸미려고 하지 않고, 항상 즐겨 사용하는 꽃과 소재를 쓰려고 노력했어요. 덕분에 내가 어떤 꽃을 좋아하고 어떤 디자인을 좋아하는지 다시 한 번 돌아볼 수 있었던 시간이었지요.

책을 쓰게 되니 그동안 많은 분들이 질문해주신 내용들부터 정리해나가고 싶었어요. 어떻게 꽃을 배우게 되었고, '블레스유 플라워'를 운영해왔는지 솔직하게 답변하는 마음으로 담았어요. 시작하는 모든 플로리스트들에게 조금이라도 보탬이 되었으면 합니다. 많은 분들이 궁금해하는 꽃시장 정보와 단골 상점도 소개했어요. 플로리스트로서 줄 수 있는 '꽃에 관한 모든 팁'을 담으려고 노력했어요.

꽃을 좋아해서 시작한 일인 만큼 플로리스트라는 직업에 대해서도 자부심을 갖고 있어요. 그래서 이 직업에 대해서 조금이라도 더 이해를 돕고자 저의 이야기도 조금씩 풀어가야 할 것 같았어요. 어쩌면 유치할지 모를 이야기까지 담아서 쑥스럽기도 하지만 이 책을 만들면서 제 스스로에게는 또 한 번의 터닝 포인트가 된 것 같아요. 지금보다 더 열심히 해야겠구나 하고 다짐해봅니다.

10년 가까이 꽃과 함께 일하면서 가족 같이 챙겨주시는 꽃시장 사장님들과 블레스유 플라워를 사랑해주신 많은 분들에게 감사의 마음을 전합니다.

이 책을 읽는 모든 분들의 일상이 꽃으로 아름답게 물들어가기를 바라며 블레스유 플라워 레슨을 시작합니다.

최 민 지

CONTENTS

prologue 4

ABOUT FLORIST
part 1

그때도 지금처럼 꽃이 좋아서 13
처음으로 꽃을 배운 날, 새로운 꿈을 꾸다 17
까뜨린 뮐러에서 뮤제까지 19
창고라도 괜찮아,
꽃이 있다면 그곳이 천국 22
뜻밖의 기회로 시작된
플로리스트로서의 첫 작업 28
낭만보다 현실,
꽃이 있는 카페 31
나를 위해 다시 꽃으로 채우는 시간 33
'블레스유 플라워' 간판을 달고 36
매일 꽃을 사야 하는 이유 40
언제나 새로운 플로리스트의 일 42
내일을 꿈꾸는 플로리스트 최민지 45

FLOWER BASIC
part 2

플로리스트 기본도구 × 가위 50
플로리스트 기본도구 × 플로럴폼 52
플로리스트 기본도구 × 화기 54
플로리스트 기본도구 × 플라워 컨디셔닝 56

BLESS YOU
FLOWER
RECIPE

part 3

RECIPE 01 좋아해, 고백해줘   60
RECIPE 02 봄, 봄, 봄!   70
RECIPE 03 나의 마음 가득 채운   80
RECIPE 04 아침 햇살처럼 따사로운   90
RECIPE 05 나에게 기대도 돼   100
RECIPE 06 Green Green Garden!   110
RECIPE 07 이름 그대로, 블랙뷰티   120
RECIPE 08 5월의 향기를 담아   130
RECIPE 09 사르르, 녹아내려   140
RECIPE 10 따뜻한 주말 오후의 초대   150
RECIPE 11 뚜또베네!   160
RECIPE 12 숲 속 테이블   170
RECIPE 13 브라이덜 샤워 로망스   180
RECIPE 14 예쁜 설렘   190
RECIPE 15 로맨틱 사인   200
RECIPE 16 나랑 결혼해줄래?   210
RECIPE 17 뜨거운 사랑의 온도만큼   220
RECIPE 18 일상의 플로리스트를 꿈꾸며   228
RECIPE 19 행복을 심은 작은 꽃밭   240
RECIPE 20 안녕, 인사하는 꼬마인형   250
RECIPE 21 나에게 힘을 줘!   260
RECIPE 22 한결같은 너의 매력   268
RECIPE 23 언제나 크리스마스   278
RECIPE 24 톡톡! 나를 기억해   286
RECIPE 25 축복해, 오늘을!   296

FLOWER
MARKET

part 4

오늘의 꽃을 준비하는 시간   309
• 강남 고속터미널 꽃시장 구매 **TIP**   310

BLESS YOU
FLOWER LESSON

ABOUT
FLORIST

그때도 지금처럼
꽃이 좋아서

_____

언젠가 부모님 댁에 갔을 때 어린 시절 앨범을 펼쳐보고서 놀란 적이 있어요. 유난히 꽃과 찍은 사진들이 많더라고요. 공원이나 수목원, 계곡 어디에서도 저는 꽃과 함께 사진을 찍었더군요. 가만히 생각해보면 초등학교 시절, 방학 때마다 친구들과 집 근처 공원으로 몰려가 민들레꽃으로 꽃팔찌, 꽃반지를 만들며 놀았던 기억이 나요. 어린 아이였지만 누구보다 꽃을 좋아했던 것 같아요. 꽃은 바라만 보아도 곁에 있기만 해도 행복감을 주잖아요.

처음부터 플로리스트가 되려고 꽃을 배웠던 건 아니에요. 하지만 꽃을 가깝게 느끼게 된 계기는 분명히 있었답니다. 저는 20대 초반에 미국 산타바바라에서 유학을 했어요. 자리를 잡기 전 초기 두 달 정도는 홈스테이를 했었어요. 주인아주머니께서는 아침, 저녁으로 식탁에 새로운 꽃을 꽂아주셨고, 식사를 할 때면 아주 자연스럽게 꽃에 대한 이야기가 이루어지곤 했어요. 일상이 늘 꽃과 함께 시작했던 거예요.
미국에서는 어느 마트를 가든지 생화를 과일처럼 쉽게 구매할 수 있더라고요. 종

BLESS YOU
FLOWER LESSON

류별로 구분된 과일 채소 진열대처럼, 꽃도 한 섹션으로 구분되어 진열이 되어 있었어요. 가격도 3~10불 사이로 가격대별로 꽃이 정리되어 있었고, 원하는 꽃을 뽑아가 계산대에 가져가면 계산이 되는 거였어요. 꽃시장이나 꽃집에 가야지만 꽃을 볼 수 있는 한국과는 사뭇 달랐지요. 또한 꽃을 일상과 가까이 두는 사람들의 태도가 참 신선했어요. 어느새 저도 마트에 갈 때마다 꽃을 사오게 되었고 꽃병에 새로운 꽃을 꽂아두는 취미가 생긴 거죠. 풍족하지 않은 한국의 한 유학생이었지만 꽃을 사는 일은 부담스럽지 않은 생활의 일부가 된 거였지요. 그렇게 특별한 날에만 주고받는 게 꽃인 줄 알았던 저는 일상이 꽃으로 물들어가면서 꽃을 더욱 사랑하게 되었답니다.

ABOUT
FLORIST

BLESS YOU
FLOWER LESSON

ABOUT
FLORIST

처음으로 꽃을 배운 날, 새로운 꿈을 꾸다

———————

작은 방 테이블 위 꽃병에다 꽃을 꽂아두기 시작하면서 본격적으로 꽃꽂이에 대해 관심이 생기기 시작했어요. 또한 어떤 꽃을 어떻게 꽂아두는가에 따라 전체적인 방 분위기가 달라진다는 것을 알게 되었죠. 그 무렵, 저는 플로리스트라는 직업에 대해서도 처음으로 관심을 가지게 되었습니다. 단순히 좀 더 예쁘게 꽃을 꽂아두고 싶다는 마음에 취미로 배우려고 시작한 꽃꽂이가 저의 미래를 이렇게 바꾸어놓을 줄은 정말 몰랐어요.

요즘은 조금만 관심을 가지면 쉽게 플라워 레슨을 받아볼 수 있어요. 인스타그램이나 블로그에도 그러한 정보가 상세하게 나와 있기도 하고요. 그런데 제가 처음 꽃을 배워야겠다고 마음먹었을 때만 해도 그렇지 않았어요. 정보를 찾을 수 있는 블로그도 지금처럼 활성화되지 않았고, 전문적인 플로리스트라는 직업을 아는 사람들도 별로 없었던 것 같아요.

꽃을 배우려고 처음 학원 문을 두드렸던 게 스물두 살이었어요. 제가 수강생 중에 가장 어렸지요. 유난히 부끄럼을 많이 타서 낯선 사람 앞에서 말도 잘 못할 때였고요. 나름 손재주가 있다고 생각했는데, 막상 해보니 쉽지가 않았어요. 지금 생각해보면 눈 감고도 만들 수 있는 간단한 내용이었는데, 등줄기에 식은땀을 주루룩 흘리면서 만들었어요.
대학을 다니면서 플라워 레슨을 병행하며 듣던 어느 날 '화훼장식기능사'라는 자격증이 있다는 것을 알게 되었어요. 내친 김에 자격증 공부까지 제대로 해서 플로리스트가 되어야겠다고 처음으로 다짐하게 되었습니다.

사실 그때까지만 해도 미국 유학을 마치고 돌아와 아나운서를 준비하면서 SBS 방송국에서 인턴으로 일을 하고 있을 때였어요. 부모님께서는 제가 아나운서를 준비하고 있다고 생각하셨는데, 갑자기 플로리스트라니… 반대가 엄청 났답니다. 그저 취미로 플라워 레슨 학원을 다니는 거라고 생각하던 거였죠. 화훼장식기능사 자격증까지 공부하겠다고 하니 부모님은 결국 모든 경제적인 지원을 끊으셨어요. 학원비 낼 돈이 없었죠. 하지만 포기하기 싫더라고요. 상황적으로 여유롭지 않으니 더욱 플로리스트라는 꿈이 간절해지고요. 그래서 가지고 있던 물건들을 팔기 시작했습니다. (웃음) 그 돈으로 학원을 다니고 재료비를 충당했어요. 그마저도 돈이 떨어졌을 때는 친구들에게 밥도 커피도 많이 얻어먹었어요. 지금 생각하면 모두 재밌는 추억이지요.

ABOUT
FLORIST

까뜨린 밀러에서
뮤제까지

———————————

취미로 꽃을 배우기 시작했을 때와는 다르게 자격증 공부를 하면서 플로리스트가 배워야 할 게 정말 많다는 걸 알게 되었어요. 지금처럼 고급 소재를 사용하는 것도 아니었고, 그저 보통의 자격증 공부처럼 따분하게 느껴질 수 있는 요소도 많았어요. 하지만 꽃의 위치와 비율에 따라 제작하는 방법을 배우는 게 어쩜 그렇게 재미있던지…. 지금까지 실무에서도 많은 도움을 받은 공부였어요.

꽃에 관한 공부를 더 하고 싶다는 열망에 사로잡히기 시작했어요. 배우면 배울수록 재미있고, 배우면 배울수록 더 배우고 싶다고 생각이 들었죠. 그 무렵 프랑스의 '까뜨린 밀러 Cathrine Muller'라는 유명 클래스에 참여하여 창의적이고 화려한 어레인지먼트를 익혔어요. 또 일본으로 건너가 '아오야마 플라워 마켓 Aoyama Flower Market'에서 정통 일본 스타일의 플라워 디자인을, '일로니 플라워 i'llony Flower'에서 트렌디한 상품 제작 방법을, '뮤제 Musee'에서는 각 나라별 테이블 데코레이션과 관련된 많은 테크닉을 배우기도 했지요.

BLESS YOU
FLOWER LESSON

제가 현재 꾸려가고 있는 블레스유는 기본적으로 내추럴하고 감각적인 프렌치 스타일을 담고 있어요. 하지만 거기에 국한하지 않고 다른 스타일을 접목시킬 수 없을까 고민을 많이 했답니다. 조금은 투박하지만 세련된 미국 스타일, 심플하고 모던한 영국 스타일, 다양한 테크닉을 선보이는 일본 스타일 등 제가 공부했던 내용을 블레스유만의 스타일로 해석하기 위해 노력했어요. 물론 쉽지 않았지만 앞으로도 계속 쉼 없이 발전시켜나갈 거예요.

누군가 "플로리스트가 된 것을 후회하진 않나요?"라고 묻는다면, 절대 아니라는 대답을 할 순 없을 것 같아요. 그만큼 일 자체는 매우 고되요. 하지만 그 힘듦 속에서 다시 견딜 만한 이유를 찾곤 하죠. 제가 지금까지 올 수 있었던 건 이 모든 것이 '내가 좋아하는 일'이었기 때문에 가능했어요. 저는 어떤 순간에서나 꽃과 함께 하는 이 일을 너무 사랑하거든요.

BLESS YOU
FLOWER LESSON

창고라도 괜찮아,
꽃이 있다면 그곳이 천국

———————————

얼마 전 친구와 약속이 있어서 이태원에 갔어요. 이태원 골목길을 걷다가 문득 저의 첫 번째 작업실이 떠올랐어요. 지금은 어떤 공간이 되었을까 갑자기 궁금해지더라고요. 사실 그동안 마음만 먹으면 얼마든지 가볼 수 있었지만 왜인지 한 번도 찾아가보지 못했어요. 지금은 소중한 기억으로 남았지만 다시 돌아가고 싶지 않을 정도로 힘든 시절이 모두 이태원 작은 창고에 담겨 있기 때문입니다.

처음 창업을 하려고 마음먹을 때, 살고 있던 방 창문 너머로 옥탑방 하나가 보였어요. 평소 그 집을 볼 때마다 '저긴 아무도 안 사나 보다' 하고 말았는데 불현듯 어느 날 '아, 저기다!'라는 생각이 들더라고요. 무작정 건물 주인할머니를 찾아갔어요. 이 옥탑방을 사용해도 되냐고 여쭤보았는데 단번에 거절당했답니다. 옥탑방이 있는 옥상 한쪽에는 큰 물탱크가 있어 비좁았고, 수도 시설이 없었을 뿐 아니라 옥탑방으로 올라가는 계단도 가파르다는 것이 이유였어요. 듣고 보니 고개가 끄덕여졌어요. 짐을 가지고 올라가기 힘들 뿐더러 수도 시설이 없다는 게 문제였으니까요. 결국 옥탑방을 포기하고 돌아가는 길 1층에서 회색의 얇은 철로 된 창고문을 보게 되었어요.

"할머니 저 창고는 뭐예요?" 주인할머니께서도 거의 사용을 하지 않는 곳이어서 보고 싶어도 열쇠가 없어서 안 된다고 하셨죠. 그래서 다시 찾아가고 찾아가길 며칠, 보게만 해달라고 사정을 했더니 할머니가 오히려 걱정을 하시며 말씀하셨어요. "아니, 젊은 아가씨가 저기를 뭐에 쓰려고? 못 써! 저기 보면 아마 못 쓸 거야~ 못 쓴다니까!" 큰소리로 다그치셨어요.
"괜찮아요, 할머니. 저 그냥 보기만 할게요. 꼭 연락주세요." 하고 돌아가기를 또 몇 차례, 어느 날 감사하게도 키를 찾으셨다고 전화를 주셨어요. 물론 보여는 주는데 쓰지는 못할 거라고 한 번 더 강조하셨죠.

저는 작업실이 필요했어요. 저만의 브랜드를 만들고 싶었지요. 그런데 부모님 몰래 할 수밖에 없고, 어린 나이라 창업할 돈도 많이 모으지 못했던 상황이었어요. 수중에 가진 돈이 200만 원이었어요. 할머니에게는 못 쓰는 창고에 불과했겠지만, 제게는 정말 간절했던 공간이었어요. 설득에 설득을 거듭했습니다. 그렇게 보증금 100만 원에 월세 15만 원의 작업실이 탄생한 거죠.

조금만 까치발을 들면 성인 남자의 키도 충분히 닿을 만한 천장을 비롯하여 구석구석 정말 허름하기 짝이 없었지만 그래도 제 눈엔 그 어떤 공간보다도 아름다웠어요. 그리하여 작고 초라한 이태원 작업실에서 지금의 '블레스유 플라워'가 시작되었습니다.

ABOUT
FLORIST

BLESS YOU
FLOWER LESSON

뜻밖의 기회로 시작된
플로리스트로서의 첫 작업

———————————————

겨울이라 꽃 냉장고를 사지 않아도 되는 것은 다행이었어요(물론 냉장고를 장만할 돈도 없었답니다). 하지만 겨울이라서 조금만 창문을 열어놓고 가는 날에는 시멘트 바닥에 고인 물이 꽁꽁 얼어서 전날 사온 꽃을 다 버려야 했어요. 그 시절의 하루하루를 떠올려보면 고생의 연속이었는데, 그때는 전혀 그렇게 느껴지지 않았어요. 시작할 수 있는 것만으로 마냥 신나고 들떴으니까요. 부모님 몰래 동생의 작업실에 찾아온 오빠는 그 열악함에 놀라서 여러 가지 힘쓰는 일들을 많이 도와주었어요. 제 키에 맞춰 나무로 테이블을 만들어주고 페인트칠도 해주었지요. 집에 있던 소파도 가져와서 세 평도 안 되는 비좁은 곳에 놓아주었고요. 작업실을 꾸민 걸 생각하면 아직도 웃음이 나요. 그리고 아주 가끔 지치고 힘들 때면, 그때 만들었던 꽃바구니 사진들을 봐요. 순수하고 열정이 가득했던 그 당시의 제 모습이 그 꽃바구니 안에 보이는 것 같아서요.

작업실이 어느 정도 완성되자 뜻밖의 기회가 생겼어요. 작업실 근처 자주 가는 단골집이 있었는데 우연히 그 가게가 곧 문을 닫고 다음 달쯤 새로운 레스토랑으로 바뀐다는 얘기를 듣게 되었죠. 그 순간 번쩍 '이거다!' 싶더라고요.

일반적으로 레스토랑이 오픈을 하면 인테리어를 새롭게 하고 그러면 꽃장식도 필요할 테니 그걸 무조건 제가 해야겠다는 생각이 들었어요. 인테리어 공사가 끝나기도 전에 무작정 대표님을 찾아갔어요. 꼭 제게 맡겨달라고, 잘할 수 있다고 말씀드렸어요. 어린 플로리스트의 노력이 기특해보였을까요. 결국 그 레스토랑의 오프닝 파티 꽃장식을 하게 되었어요. 그리고 그 작업을 통해 인정받고, 매달 레스토랑 플라워 데코레이션도 맡게 되었고요. 참 재미있는 인연이 시작된 거죠.

BLESS YOU
FLOWER LESSON

ABOUT
FLORIST

낭만보다 현실,
꽃이 있는 카페

이태원 작업실에서 정신없이 몇 개월이 지났어요. 그동안 부모님께서도 어렴풋이 눈치 채고 계셨던 것 같아요. 아마도 '얼마나 버티는지 보자'에서 '기특하네 우리 딸, 이제 믿어도 되겠는 걸'로 생각이 바뀌신 게 아닌가…. (웃음) 열심히 하는 딸의 모습을 인정해주기 시작하였고, 부모님께서 도움을 주고 싶다고 제게 말씀하시더라고요. 감사하게도 부모님의 도움을 받아 역삼동에 작은 플라워 카페를 오픈하게 되었어요. 꽃이 있는 카페, 여자들의 로망이잖아요. 마구 설렜던 기억이 나요.

그런데 막상 오픈을 하고 보니 꽃을 찾는 사람보다 커피를 주문하는 손님이 더 많았어요. 꽃을 만지는 시간보다 커피를 만드는 시간이 더 많았던 거지요. 그렇게 하루하루를 보내니 이건 아니다 싶더라고요. '내가 정말 원하는 건 플로리스트로서 꽃을 만드는 일이었는데 지금 뭘 하고 있는 거지?'라는 생각이 들면서 지금까지의 내 모습을 돌아보기 시작했어요. 오로지 나만의 힘으로 이태원 창고에서 시작한 작업실이 떠오르더라고요. 편하게만 있으려고 했던 것도 깨달았고, 부모님의 도움으로 시작했기에 간절함도 없었어요. 자리를 보는 눈도 없이 예산에 맞춰 빨리 진행하려고만 했었지요. 아무런 생각 없이 장소를 찾아 사람들이 유입되기 불편한 구조의 건물 1층에, 콘셉트 없는 인테리어나 가구 하며 모든 게 어설펐던 것 같아요. '나만의 가게'가 아닌 것 같은 느낌이었어요. 그 시절의 저는 여러 가지로 부족했던 거죠.
무엇보다 여유롭게 앉아서 손님을 기다리며 꽃을 만지는 일이 굉장히 낭만적일 줄 알았어요. 하지만 제 성격에 맞지 않았죠. 커피를 내리는 일도 전혀 즐겁지 않았고요. 빨리 결단을 내리고 멈춰야겠다는 생각이 들었어요. 그러한 고민의 날들이 지속되었답니다.

ABOUT
FLORIST

나를 위해 다시
꽃으로 채우는 시간

―――――――――――

당시 카페에 친구들이 찾아오면 작은 꽃다발이나 간단한 꽃꽂이 방법을 가르쳐
주곤 했어요. 하나하나씩 알려주고 꽃에 대해 설명해주고, 또 만드는 데 도움을
주면서… 그때 조금 깨달은 것 같아요. 단순히 꽃을 판매하는 것보다 누군가에게
꽃을 가르쳐주는 일이 기쁘다는 걸 말이죠. 그제야 저는 꽃과 함께 어떤 일을 했
을 때 기쁜지 알게 되었어요.
플로리스트가 되고 싶다고 저를 찾아오는 분들에게 저는 이 경험을 토대로 말해
주곤 합니다. "저 꽃집이 잘 되는 것 같고, 플로리스트가 낭만적이게 보이고, 무
작정 따라 해보고 싶다고 생각하지 마세요. 실제 이 일이 나의 적성이나 성격과
잘 맞을지 먼저 고민하는 과정이 필요합니다."

그렇게 한 번의 실패 후 결국 다시 새로운 작업실을 찾기로 했어요. 신사동 가로
수길이 뜨기 시작할 무렵이었는데 사는 곳과도 가깝고 근처에 회사들도 많아서
괜찮겠다는 생각이 들었어요. 그동안 모은 돈을 가지고 가로수길 부근에 작은 빌
라를 얻었습니다. 4층에 위치한 일곱 평짜리 작은 작업실이었는데, 아주 저렴한

가격이었지요. 비록 낡은 건물이었지만 지난번 이태원 창고에 비하면 큰 창이 있어서 오전 10시부터 오후 4시까지는 따스할 정도로 햇살이 들었어요. 거기에 에어컨도 있고, 난방도 잘 되는 기분 좋은 작업실이었죠.

일단 작업실을 얻기는 했으나 도대체 어떻게 홍보를 해야 할지 감이 안 오더라고요. 예전 이태원 작업실 시절에 90만 원 견적으로 홈페이지를 만들려고 한 적이 있었는데, 60만 원 선금을 낸 상태에서 제작 도중 업체가 잠적한 일이 있었어요. 홈페이지 모양은 어느 정도 갖춰져 있긴 하지만 도무지 어설퍼서 안 되겠다는 생각을 했어요. 그러다 블로그라는 걸 시작해보기로 했어요.

당시만 해도 편하게 일상을 공유하며 홍보하는 게 유행할 때였고, 저도 사진 찍고 글 쓰는 걸 좋아했기 때문에 재미있게 블로그를 운영하기 시작했어요. 점점 블로그를 통해 알아봐주시는 분들도 늘어났어요. 그렇게 '블레스유 플라워'가 조금씩 알려졌던 것 같아요. 작업실을 만들고 4개월 동안은 강의나 꽃 주문이 거의 없어도 매일 작업실에 나갔어요. 해외 플라워 잡지를 보며 연구하고, 외국 플로리스트 사진을 검색하면서 마음에 드는 작품이 있으면 똑같이 따라 해보기도 했어요. 그렇게 스스로 꽃 공부를 하며 많이 연습했어요.
화훼장식기능사 공부를 하면서 배운 테크닉과 상업디자인 학원을 다니면서 배운 컬러감을 토대로 디자인 공부를 다시 하니 이해가 더 잘 되더라고요. 그러던 차에 한두 명씩 수강생이 찾아오기 시작했어요.

'블레스유 플라워' 간판을 달고

―――――――――――――――

처음에는 열 명도 안 되는 수강생들이었어요. 서로 소개도 시켜주고 수업이 끝나면 다 같이 밥도 먹고 커피도 마시며 친해졌죠. 그렇게 신사동 작업실에서 수업에 집중하며 1년을 보냈어요. 그러다 우연한 기회로 논현동 어느 골목 신축건물 1층에 있는 조그만 로드숍을 보게 되었어요. 건물주가 사무실로 사용한다며 임대도 나오지 않은 자리인데 부동산에 무작정 찾아가 다짜고짜 말했습니다. "저 자리에서 플라워숍을 운영하고 싶어요." 실제로 문의해보니 의외로 가격이 괜찮았어요. 저는 레슨이 목적이었기 때문에 유동인구가 많은 자리보다 지하철역과 가깝지만 한적하고 편안한 분위기가 필요했지요. 이렇게 진정한 의미의 첫 번째 로드숍이 탄생했고, '블레스유 플라워'라는 간판을 달 수 있었어요.

가게 앞에 화분도 놓고, 포털사이트에 당당히 지도 등록도 하고 나니 주문이 늘기 시작했어요. 수업을 듣기 위해 찾아오는 학생들도 많아졌지요. 수강생이 점점 늘고 숍이 자리를 잡아가자 함께 일하는 직원도 뽑아야 했고, 옆 건물로 작업실까지 하나 더 늘리게 되었어요.

새벽 6시에 꽃시장을 가는 것으로 시작해 밤 10시 마지막 수업이 끝나면 혼자 정리하고 청소를 했어요. 밤 12시에야 겨우 집에 오면 바로 쉬지 못하고 새벽 2시까지 블로그 포스팅을 했죠. 그렇게 매일을 살았어요. 혼자서 무거운 짐을 계속 나르고 한 손으로 화병을 치우다 보니 인대가 늘어나서 1년 가까이 깁스를 하기도 했답니다(그래서 지금 일하는 식구들에게는 절대 한 손으로 화병을 들지 말라고 항상 얘기해요). 연애도 안 하고 친구도 만나지 않고 오로지 일에만 미쳐 살았던 시절이었어요. 3년을 그 자리에 있으면서 모은 돈으로 지금의 청담동 숍으로 자리를 옮기게 되었어요. 청담동 플라워숍을 갖고 싶다고 꿈꾸기만 했는데, 생각보다 빠른 시간 안에 이루게 된 거죠.

ABOUT
FLORIST

BLESS YOU
FLOWER LESSON

매일 꽃을
사야 하는 이유

───────────

하루하루 바쁜 날이 이어졌습니다. 함께 일하는 식구들이 제 체력을 신기해할 정도였죠. 물론 저도 저녁이 되면 녹초가 되어요. 수업과 수업 사이 30분 단위로 쪼개서 필요한 미팅도 하고 식사 시간을 놓치면 옆 건물 중국집에서 짜장면을 10분 만에 급히 먹고 다시 돌아와 일하기도 하죠. 많은 분들이 플로리스트가 한가하게 책을 보면서 꽃에 물주고 손님을 기다리는 여유로운 직업이라는 환상을 갖고 있더라고요. 사실은 아니에요. 겉으로 보이는 모습 외에 육체적으로나 정신적으로 힘들 때가 아주 많아요. 그렇게 피로가 누적되면서 일이 많아지니 간혹 가다 실수가 생기고, 학생들이나 손님들에게 컴플레인이 들어오더라고요. 그런 날이면 그야말로 지옥이 따로 없어요. 결국 숍을 더욱 효율적으로 운영하기 위해 일을 분담하고 스스로 약간의 욕심을 내려놓았어요. 우선 내 몸과 마음이 건강해야 사람을 대할 때 좋은 에너지를 줄 수 있다는 걸 알게 되었지요.

그런 제가 누구에게도 맡길 수 없는 단 하나의 일이 있어요. 바로 꽃을 사는 일이에요. 꽃이란 게 똑같은 장미라고 해도 농장에 따라 미세하게 컬러와 생김새가 다르고, 똑같은 보라색이라고 해도 파랑에 가까운 보라가 있고 포도색에 가까운 보라가 있지요.
셰프들이 요리에 앞서 재료를 가장 중요하게 생각하는 것과 같아요. 남들에게는 작은 차이일지 몰라도 제게는 큰 차이를 가져다주는 문제였지요. 그래서 이 일은 반드시 제가 해요.

블레스유에서는 학생들을 위한 클래스가 꾸준히 열리다 보니 여느 꽃집과는 다르게 아주 많은 양의 꽃이 늘 필요해요. 그래서 일주일에 세 번 정도 꽃시장에 직접 나가요. 나머지는 그날그날 새로운 꽃이나 더 필요한 꽃 위주로, 꽃시장에서 보았던 종류를 기억해서 전화로 주문을 하지요. 그러니까 거의 매일 꽃을 구입한다고 보면 돼요. 특이하게 블레스유 숍에는 꽃 냉장고가 따로 없어요. 이렇게 매일 꽃을 사기 때문에 항상 신선한 꽃을 보유하고 있어서 꽃 냉장고가 크게 필요하지 않아요(사실 너무 많은 양의 꽃을 사기 때문에 웬만한 냉장고에는 넣을 수조차 없다는 게 가장 큰 이유지만!). 그래서 마감을 할 때도 신선한 꽃 상태를 유지하기 위해 에어컨을 켜놓고 퇴근한답니다. 숍 자체를 하나의 커다란 냉장고로 만드는 거죠. 매일매일 꽃을 다듬고 물을 갈고 화기를 세척하는 일로 하루를 시작하고, 항상 새로 들어온 꽃과 그 전날 꽃이 섞이지 않도록 정리를 하고 컬러별로 배치를 합니다. 그렇게 오전, 오후, 저녁 수업에 맞춰 클래스를 열어요. 힘은 들지만 제가 가장 좋아하는 일들이라 수업을 끝내고 나면 표현할 수 없는 희열을 느껴요. 꽃과 함께 이렇게 치열하게 살아가고 있는 게 스스로 대견한 거죠.

BLESS YOU
FLOWER LESSON

언제나 새로운
플로리스트의 일

_____

"플로리스트로서 언제가 가장 좋으세요?"라고 누군가 제게 묻는다면 자신 있게 대답할 거예요. "누군가에게 꽃을 가르쳐주는 시간이 가장 좋아요."
제가 알고 있는 것을 말로 풀어 설명하면 학생들이 받아들이고 이해해주는 그 과정이 너무 즐거워요. 그래서 가끔 수업이 끝나면 "저도 너무 재미있는 수업이었습니다"라고 말하기도 해요.
플로리스트로서 제가 잘할 수 있는 건 가르치는 일이라고 생각하기 때문에 아무리 힘들어도 꾸준히 해나가고 싶어요.

물론 플라워 숍을 운영하다 보니 브랜드 런칭쇼나 특별한 하우스 웨딩, 브라이덜 샤워나 돌잔치, VIP 고객파티, CF 촬영 현장에 나가서도 플라워 데코를 해요. 기업 강의에 초청되어 수업을 하는 날도 있고요. 가만히 살펴보면 꽃이 필요한 곳이 참으로 많지요.
누구에게나 처음이 있듯이 제게도 처음이 있었고 아직도 처음 해보는 일들이 계속 생기고 있어요. 처음 해보는 일일수록 마음만 앞서기 마련이지요. 신경 써서

ABOUT
FLORIST

해준 일들이 결국 손해를 불러오기도 하고, 중요한 행사 전날에는 제대로 잠도 못 자고 발을 동동 구르기도 해요. 이틀 밤을 꼬박 샐 때도 있었어요. 머리가 복잡해질수록 나의 선택을 믿고, 배운 만큼, 아는 만큼만 하자고 다짐했어요. 그래서 행사 준비로 스트레스를 받을 때면 차분히 마음을 다잡고 책상 앞에 앉아요. 어떻게 할지 구상한 것들을 A4 용지 위에 크게 그리면서 생각을 정리하는 거죠. 어떤 꽃을 쓸지, 필요한 양은 얼마일지 계산하기도 하고요. 겁먹거나 스트레스를 받는다고 해결되는 건 없다는 것 또한 경험을 통해 깨달았답니다.

ABOUT
FLORIST

내일을 꿈꾸는
플로리스트 최민지

———————

어떤 분들이 이 책을 읽게 될까요? 단순히 꽃을 좋아하는 분들일까요? 플로리스트를 꿈꾸고 있는 분들일까요? 아니면 혹시라도 최민지라는 사람을 궁금해하는 분들일까요? 어떤 분들이 될지 모르겠지만 저는 '플로리스트 최민지'로서 이런 질문을 가장 많이 받습니다. "플로리스트는 어떤 자질을 가지고 있어야 하나요?" 글쎄요. 저도 성장해나가고 있는 플로리스트 중 한 명이지만 혹시 플로리스트를 꿈꾸는 분들이 이 책을 읽는다면 도움이 되길 바라는 마음에 몇 가지를 정리해보았어요.

좋은 플로리스트가 되기 위해서는 당연히 꽃을 다루는 실력이 가장 우선이 되어야 해요. 즉 테크닉이 좋아야 하겠지요. 둘째는 컬러감이 될 것 같고, 셋째는 트렌드를 읽는 안목이 아닐까 싶어요. 저의 경우 컬러감이나 트렌드를 읽을 수 있는 재능은 조금 타고났던 거 같아요. 요즘은 워낙 트렌드가 빠르게 변하고 있어서 5~6년 전에 만든 작품 사진을 보더라도 조금은 올드해 보이거나 지금보다는 실력이 부족해 보이는 건 사실이에요. 하지만 진심으로 '나 너무 못했구나, 난 너

BLESS YOU
FLOWER LESSON

무 부족해'라고 생각하지는 않았어요. 그만큼 자신감을 가지려고 늘 노력했죠. 잘할 수 있다는 생각으로 임해야 더 좋은 작품이 나오니까요.
계속 뒤처지지 않도록 다양하게 보고 감각을 키우는 게 중요해요. 본인만의 장점을 최대한 살리고 부족한 부분을 부단히 공부해서 발전시켜야 하고요. 자신만의 스타일이 꽃을 만지는 한끝 한끝에서도 드러나거든요.

플로리스트에게 필요한 자질에 대한 답을 하고 나면 이런 질문도 되돌아옵니다. "어떻게 하면 플로리스트로 성공할 수 있나요?" 뻔한 대답 같지만 저는 단연코 이렇게 말합니다. "무조건 열심히 하세요."
진정 창업이 목적이라면 꽃 공부만큼이나 실무를 배우는 일이 중요하다는 걸 알아야 해요. 창업 전에 취업을 통해 실무를 익히면 그만큼의 시행착오를 줄이는 데 도움이 될 거예요. 꽃의 종류에 따라 컨디셔닝하는 방법은 물론이고 재고관리, 판매관리 등 전반적인 운용에 대해서도 미리 경험해보면 훨씬 도움이 되겠지요. 그 다음으로 필요한 게 비즈니스 마인드예요. 아무리 재능 있는 플로리스트도 자신을 찾아주는 손님이 없으면 인정받을 무대가 없는 것과 마찬가지겠지요. 단순히 '꽃이 좋아서' 시작한 일이겠지만 가만히 앉아서 손님만 기다리는 꽃집 아가씨가 되는 걸 바라진 않죠? 저의 경우 항상 새로운 일을 먼저 찾고, 적극적으로 나섰던 게 초창기 자리 잡을 때 큰 도움이 된 것 같아요.

플로리스트로 조금 유명해지자 매거진이나 방송에서 노출될 일도 많아졌어요. 외부에 소개되는 일이 부끄럽고 어색하다고 생각할 수 있겠지만 그만큼 더 발전할 수 있는 기회가 된다고 생각하면 좋아요. 어느 방송에서는 1억 연봉이라고 그 화제성만을 가지고 제 이야기가 크게 소개되기도 했어요. 단순한 가십거리에 쏟아지는 관심이 부담스럽긴 했지만 결국 방송에 나가기로 했던 건 제가 선택한 일이었으니까 받아들여야 했지요. 어떤 분들은 '얼굴이 예뻐서' 잘된 거라고 얘기합니다(찾아가서 고맙다고 하고 싶네요). 어떤 분들은 집이 원래 잘 살았던 거라고 얘기하더군요(부모님 도움을 받았던 실패 사례가 있긴 했지요). 여

ABOUT
FLORIST

러 이야기가 제 귀에 들렸지만 저는 일희일비하지 않으려고 해요. 제 진심을 알아주는 분들이 분명 있으니까요. 플로리스트라는 직업에 대한 자부심과 스스로에 대한 자신감, 그에 따르는 책임감을 꼭 가지려고 합니다. 꽃을 정말 사랑하고, 다른 이들에게 꽃에 대해 알려주는 것을 기쁨으로 여기는 저는 언제나 더욱 즐거운 내일을 꿈꿉니다.

FLOWER

BASIC

part 2

플 로 리 스 트   기 본 도 구

01
×
가 위

용도에 따라 적합한 가위를 선택해야 더욱 섬세하고 편리하게 작업을 할 수 있어요. 플로리스트마다 본인에게 잘 맞는 가위가 있으니 여러 종류의 도구를 사용해보고 나만의 꽃가위를 정해보세요.

가시제거기1 굴곡이 많은 줄기를 가진 소재를 컨디셔닝할 때 수월하다.

가시제거기2 장미 가시를 제거하거나 필요하지 않은 잎을 제거할 때 사용한다.

전지가위1 비교적 굵은 줄기나 가지를 손질할 때 사용한다.

전지가위2 일본에서 구매한 가위 중 하나로 섬세한 작업에 용이하다. 주로 가지 절단, 과일 수거 용도로 사용한다.

철사가위 가위 안쪽 부분에 철사를 자를 수 있도록 동그랗게 홈이 있는 것이 특징이다.

꽃가위1 모든 종류의 꽃을 자르기 편한 다용도 가위이다.

꽃가위2 다른 꽃가위에 비해 바디가 짧은 게 특징이며, 적은 힘으로 단단한 줄기를 자르기 용이하다.

전지가위3 굵은 줄기나 얇은 가지를 솎아낼 때 사용한다.

플로럴폼 칼 플로럴폼을 원하는 크기로 자르거나 홈을 만드는 데 사용한다.

플로리스트 기본도구

02

×

플로럴폼

플로럴폼은 화기의 사이즈에 맞게 잘라서 쓰거나 작품에 따라 다양한 형태의 플로럴폼을 선택할 수 있어요. 사용하기 전에 받아놓은 물에 그대로 띄워두면 30초~1분 안에 아래에서부터 위로 천천히 물을 먹어요.
위에서 아래로 물을 뿌리거나 억지로 물에 적시면 안쪽까지 물이 먹지 않아요. 꽃이 시들지 않게 유지하려면 플로럴폼이 충분히 물을 먹도록 미리 숙지해두어야 해요.

기찻길 플로럴폼   아치, 웰컴보드, 갈란드 등 곡선을 요하는 작품에 사용한다.

홀더부케 플로럴폼   꽃꽂이 방법으로 웨딩 부케를 만들 때 사용한다.

볼 플로럴폼   토피어리, 포멘더 등 전체적으로 구형태를 요하는 작품에 사용한다.

벽돌 플로럴폼   바구니, 베이스 등 원하는 크기에 맞게 재단하여 사용한다.

하트 플로럴폼   특정한 형태를 만드는 공부를 할 때 용이하다.

링 플로럴폼   행잉 플라워나 캔들과 함께 장식하는 테이블 센터피스를 제작할 때 사용하면 좋다.

기찻길 플로럴폼
OASIS® FLORAL FOAM
maxlife
premium
볼 플로럴폼
벽돌 플로럴폼
OASIS® ideal FLORAL FOAM
링 플로럴폼
하트 플로럴폼

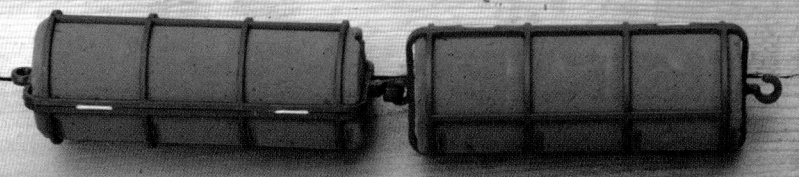

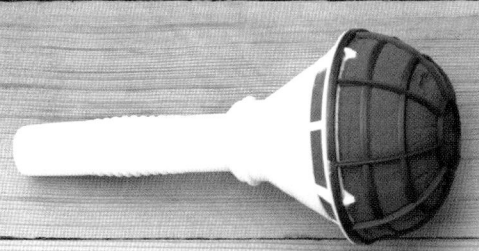

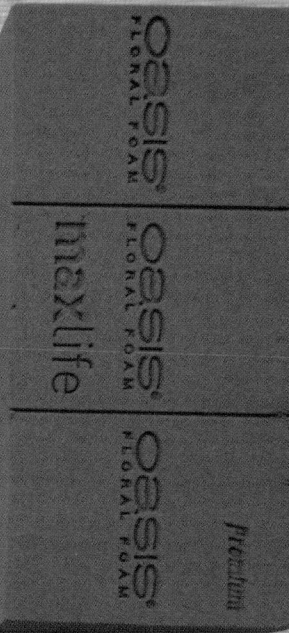

플로리스트 기본도구

03

화 기

플라워 데코에 있어서 꽃 소재만큼 중요한 것이 화기입니다. 전체적인 분위기와 용도에 알맞는 화기를 선택할 수 있어야 해요. 화기의 형태에 따라 꽃을 디자인하는 방식이 달라질 수 있으니까요.

『형태에 따른 사용법

입구가 좁은 화기 글라디올라스나 델피늄처럼 길이감 있는 꽃으로 화려한 장식을 하거나 부케홀더를 사용해 끼워 넣으면 구형태로도 장식이 가능하다.

높이가 낮고 입구가 넓은 화기 줄기가 짧은 소재를 사용해야 하므로 플로럴폼을 사용하지 않고 장식을 한다면 워터프루프 테이프를 이용해 화기 입구에 칸막이를 만들어서 각도 조절을 좀 더 쉽게 할 수 있다.

높이가 높은 화기 카라나 백합 등 길이감 있는 한 가지 종류의 꽃을 모아 바인딩한 후 기울여서 장식하면 멋스럽다. 화판에 플로럴폼을 꽂아 올려두는 방식도 좋다.

굴곡진 화기 화기의 굴곡진 면에 따라 꽃의 길이를 다르게 잘라서 꽂아주어야 한다.

『소재에 따른 사용법

도자기, 틴 소재 화기 꽃과 어울리는 분위기의 화기를 선택한다. 빈티지한 느낌과 고급스러운 분위기를 살릴 수 있는 다양한 종류의 화기를 구비해두면 좋다.

투명한 화기 줄기가 깔끔해 보이도록 잎을 깨끗하게 제거해주고 단정하게 정렬이 되도록 꽂는다.

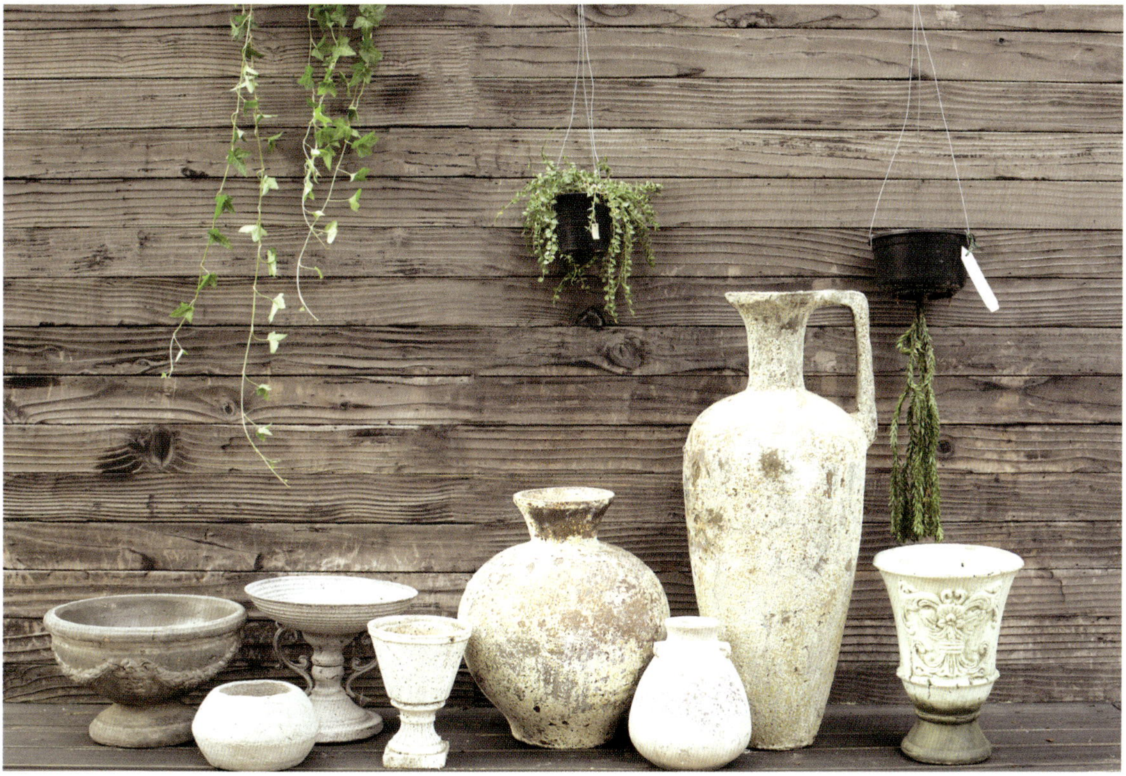

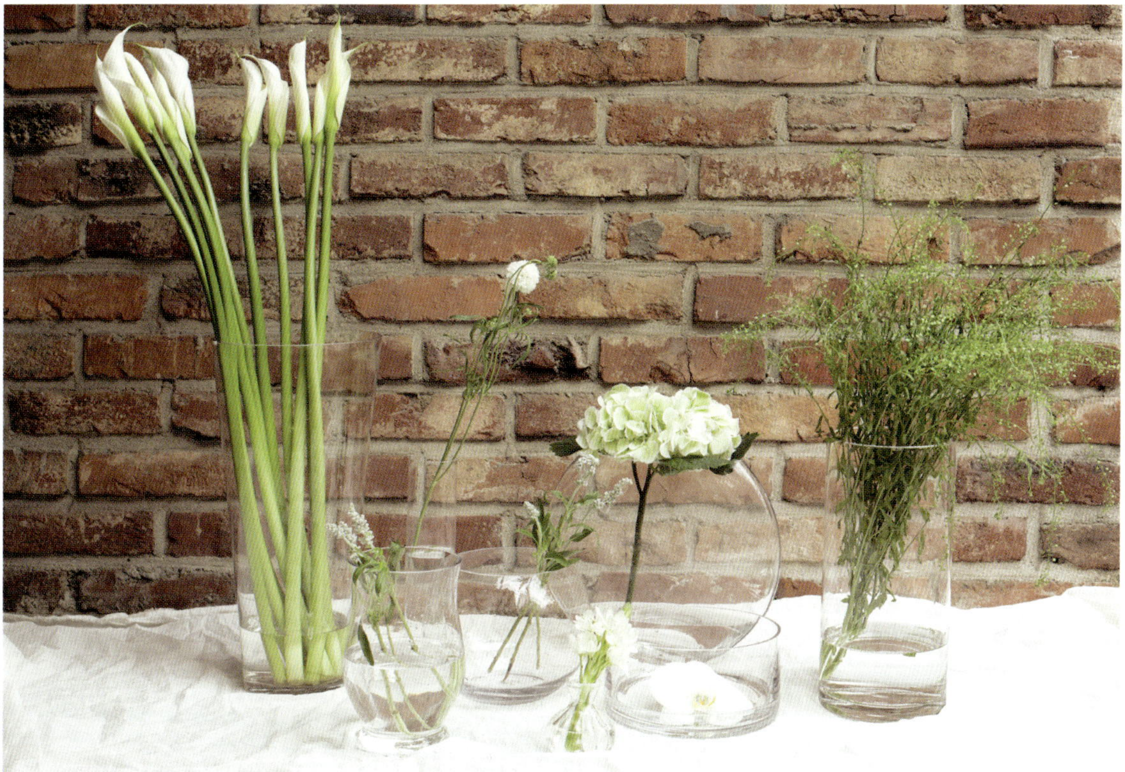

플로리스트 기본도구

04
×
플라워 컨디셔닝

꽃시장에서 꽃을 구매한 후에는 되도록 빨리 손질을 해야 합니다. 줄기가 공기 중에 노출이 되면 물관이 막히기 시작하기 때문에 먼저 수분을 빼앗길 수 있는 불필요한 잎을 제거한 후, 줄기를 사선으로 잘라 면적을 넓게 만들어서 물에 담가두는 것이 좋아요.

『잎이 있는 소재의 손질

1. 한 줄기에 여러 대가 붙어 있는 가지는 사용하기 편하고 물올림이 용이하도록 나눠준다. 꽃가위나 칼을 이용하면 간편하게 정리할 수 있다.
2. 가시가 없는 경우에는 줄기를 손으로 깔끔하게 떼어 다듬어준다.

『꽃의 손질

1. 가시가 있는 장미는 가시제거기를 사용하되 줄기에 손상이 가지 않도록 힘 조절에 유의한다.
2. 줄기의 끝은 물올림이 용이하도록 사선으로 자른다.

FLOWER
BASIC

잎

1
2

꽃

1
2

RECIPE 01

좋아해,
고백해줘

핑크빛 마음을 품은
사랑스러운 핸드타이드

no. 01

따스한 봄날, 마음에 간질간질 핑크빛 무드가 피어오를 때
크고 풍성한 핑크빛 장미 한 다발이면
금방이라도 사랑에 푹 빠져버릴 것 같다.

장미만큼 향기가 좋은 꽃을 꼽으라면
히아신스와 무스카리를 빼놓을 수 없다.
장미 한 다발에 향긋한 히아신스를 군데군데 섞고 무스카리로 마무리.
꾸민 듯, 꾸미지 않은 멋스러운 모습이 좋아….
사랑하는 사람에게 꼭 한 번쯤은 받아보고 싶은 꽃다발이 있다면,
바로 이거!

BLESS YOU
FLOWER LESSON

RECIPE

레몬잎   아미라 로즈   무스카리   히아신스

Bless You Flower TIP

§ 수분이 많은 줄기를 가진 히아신스는 쉽게 구부러질 수 있기 때문에 18번 지철사를 넣어 지지대를 만들어준다.

§ 무스카리의 뿌리처럼 흔하게 사용하지 않는 재료가 있으면 창의적인 작품을 만들 수 있다. 무스카리의 꽃이 다발 아래로 떨어지듯 마무리되어 독특한 분위기를 연출한다.

no. 01

▛Ingredients
아미라 로즈 10송이, 히아신스 5송이, 무스카리 6송이, 레몬잎

Supplies
노끈, 리본

▛Recipe

1 아미라 로즈를 가볍게 모아서 잡고, 그 주변으로 히아신스를 하나씩 둘러준다.

2 레몬잎이 꽃의 얼굴보다 위로 올라오지 않도록 가장자리에 더해준다. 얼굴이 큰 꽃으로 다발을 만들 때는 따로 잘라둔 아미라 로즈의 가지를 더해 줄기 부분을 두껍게 해서 안정감을 주면 좋다.

3 남은 아미라 로즈로 라운드 형태를 만들어주고 노끈을 이용해 단단하게 바인딩해준다.

4 깨끗하게 씻은 무스카리를 뿌리 부분이 위쪽으로 오도록 하여 줄기에 대준다.

5 다발의 전체적인 분위기를 고려해 리본을 선택한다. 핑크빛 아미라 로즈와 히아신스의 컬러가 조화를 이루며 풍성한 다발이 완성된다.

RECIPE

1

2

3

4

5

RECIPE

RECIPE 02

봄, 봄, 봄!

오렌지와 그린의 산뜻한 조화,
마음을 담은 플라워 박스

BLESS YOU
FLOWER LESSON

no. 02

봄날처럼 따스한 계절이 올 때면
나도 모르게 손이 가는 컬러가 있다.
꽃봉오리가 터진 스키미아와 오렌지빛의 라넌큘러스가
이렇게 완벽하게 어울리다니!
플라워 박스에 담길 소재들은 짧게 재단하여
꽃꽂이 하듯이 완성한다.
테크닉이 달라서 초보자도 쉽게 만들 수 있는 작품이다.
투명하게 보이는 맑은 그린빛의 오키드가
멋스러운 포인트가 된다.

Bless You Flower TIP

§ 강렬한 원색의 소재를 사용할 때는 같은 계열의 빈티지한 느낌을 주는 컬러나 질감의 꽃을 함께 사용해준다.

§ 모던한 형태의 호접이나 반다를 포인트 꽃으로 사용해주면 훨씬 고급스럽고 풍성한 느낌을 줄 수 있다.

§ 꽃상자에 리본을 묶어주고 시작하면 앞부분이 표시되어 더욱 예쁘게 제작할 수 있다.

no. 02

『Ingredients

목수국 10송이, 라넌큘러스 6송이, 스키미아 5송이, 카네이션 3송이,
아이스윙 로즈 5송이, 호접 2송이, 리시안셔스 꽃봉오리 5송이

Supplies

플로럴폼, 동그란 상자, 리본

『Recipe

1 리본을 두른 상자에 물에 적신 플로럴폼을 적당한 크기로 잘라 넣고, 목수국을 이용해 만들고자 하는 높이와 형태를 먼저 잡아준다. 그린과 화이트가 어우러지도록 군데군데 리시안셔스 꽃봉오리를 1송이씩 같이 꽂아서 바탕을 만들어준다.

2 라넌큘러스 3송이를 모아서 꽂아주고 나머지 3송이는 일정한 간격으로 1송이씩 다른 곳에 위치해준다.

3 빈티지한 컬러의 카네이션을 꽂아주고 스키미아를 다른 꽃보다 2~3cm 정도 올라오도록 꽂아 리듬감을 표현한다.

4 얼굴이 작은 아이스윙 로즈로 나머지 공간을 채워주면서 전체적인 균형을 맞춰준다.

5 호접난의 두꺼운 줄기 부분을 잘라 꽃 위에 나비가 내려앉듯이 자연스럽게 꽂아준다.

RECIPE

BLESS YOU
FLOWER LESSON

3

4

RECIPE

5

RECIPE 03

나의 마음
가득 채운

파스텔 그라데이션
플라워 바스켓

no. 03

'아, 이건 블레스유의 꽃이다!'
같은 꽃을 사용하더라도 그룹핑이 된 모습이나
소재의 조합에서 나만의 방식과 분위기가 묻어난다.
파스텔 플라워 바스켓은 블레스유만의 스타일을
좋아하는 분들을 위한 꽃바구니다.
어쩌면 사람들이 생각하는 블레스유의 이미지일지도 모르겠다.
전체적으로 분홍에서 보라로 넘어가는 파스텔톤의 그라데이션이나
둥글거나 넓적한 꽃으로 확연하게 변화를 주기도 한다.
사랑스럽고 귀엽지만 한편으론 세련되고 우아하기도 하다.
그래도 가끔은 내가 원하는 소재와 스타일을 잠시 내려놓고
꽃을 사러 오는 사람의 선호를 담아 디자인한다.
사람들이 좋아하는 꽃이란 어떤 걸까?
꼭 비싼 꽃이 아니고 튀는 디자인이 아니어도 좋다.
때로는 내가 좋아하는 꽃이 아니라도
상대의 마음을 담은 꽃을 만들어보면 어떨까.

Bless You Flower TIP

§ 히아신스 꽃봉오리처럼 힘이 없고 짧은 줄기는 와이어링으로 지지대를 만들어준다.

§ 클레마티스처럼 얼굴이 납작한 꽃은 각도의 변화로 아름다움을 표현한다.

§ 긴 줄기의 아이비와 같은 식물로 나만의 창의적인 디자인을 만들어볼 수 있다.

§ 클레마티스의 잎사귀를 사용하는 것처럼 꽃의 얼굴뿐 아니라 줄기의 잎사귀까지 함께 활용하는 연습을 해보자.

BLESS YOU
FLOWER LESSON

no. 03

▌Ingredients
아이비 1줄기, 퐁퐁소국 5송이, 투톤 수국 3송이, 클레마티스 2송이,
히아신스 꽃봉오리 약간, 리시안셔스 10송이, 작약 3송이

▌Supplies
플로럴폼, 바구니, 와이어링

▌Recipe

1. 물에 적신 플로럴폼을 적당한 크기로 잘라 바구니 안에 넣고, 아이비 1줄기로 바구니 손잡이에 장식을 해준다.

2. 플로럴폼에 삼각형 모양으로 꼭지점 위치를 잡은 후 수국 한 덩어리씩을 꽂아준다.

3. 수국이 꽂힌 세 지점 주변으로 퐁퐁소국을 3송이, 1송이, 1송이씩 나누어 그룹핑하여 꽂고, 작약은 1송이씩 나눠 꽂는다.

4. 남은 공간에는 리시안셔스의 높낮이가 다르게 하여 채워준다.

5. 클레마티스의 잎으로 그린 처리를 하고 리시안셔스와 히아신스의 꽃봉오리를 사이사이에 넣는다.

6. 클레마티스 1송이는 정면을, 나머지 1송이는 측면을 바라보도록 꽂아 마무리한다.

RECIPE

1

2

3

4

5

RECIPE

6

RECIPE 04

아 침
햇 살 처 럼
따 사 로 운

보랏빛 가득한
나만의 꽃바구니

BLESS YOU
FLOWER LESSON

no. 04

다른 사람을 위한 꽃바구니가 아닌
오로지 나를 위한 꽃바구니를 만들고 싶은 날이 있다.
좋아하는 컬러와 좋아하는 소재들만 담아본다.
웨딩부케에 사용되는 순백의 작약이 아닌
조금은 거칠고 야생의 느낌을 가진 작약,
꽃시장에서 만나면 항상 사고야 마는 라벤더 컬러의 수국,
바스락거리는 잎을 가진 화이트벨은
꽃봉오리도 활짝 핀 얼굴도 모두 예쁘다.
어느 컬러가 더 좋다 가누기 힘들 만큼 사랑스러운 매발톱까지
서로가 서로를 돋보이게 하는 매력이 있다.
수국은 가득 차게 아래로 위치해주고
화이트벨은 바구니 주변을 쭉 돌리는 느낌으로,
작약은 맨 앞에 꽂아주지만 지나치게 시선을 뺏기지 않도록 하고
매발톱으로 수수하면서도 화려한 기분을 내준다.
그렇게 누구의 꽃도 아닌 나만의 꽃바구니가 완성된다.

BLESS YOU
FLOWER LESSON

| Bless You Flower **TIP** |

§ 아주 큰 사이즈의 꽃바구니를 만들 때 꽃송이가 큰 수국 2송이와 작은 꽃 종류 하나만 있으면 충분히 다채롭게 완성시킬 수가 있다. 여러 종류의 꽃을 사용할수록 난이도가 높아진다.

§ 화이트벨처럼 잎사귀와 꽃이 함께 달린 소재를 사용한다면 어떤 그린 소재를 추가해야 좋을지 고민하지 않아도 된다.

§ 꽃송이가 큰 수국을 사용할 때는 플로럴폼을 물에 충분히 담아두어야 한다.

no. 04

❰**Ingredients**

보라색 수국 2송이, 작약 3송이, 매발톱 약간, 화이트벨 약간

Supplies

플로럴폼, 바구니, 리본

❰**Recipe**

1. 물에 적신 플로럴폼을 적당한 크기로 잘라 바구니 안에 넣고, 손잡이를 기준으로 하여 양쪽으로 풍성한 수국을 1송이씩 위치해준다.

2. 화이트벨을 군데군데 배치하여 바구니 전체를 풍성하게 그린 처리해준다.

3. 화이트벨을 꽂은 부분 위로 작약을 꽂는다.

4. 비어 있는 부분이 없도록 높낮이가 다른 매발톱을 전체적으로 꽂아주고, 수국 얼굴 사이에도 한두 개 꽂아서 입체감을 살려준다.

RECIPE

__1__

__2__

BLESS YOU
FLOWER LESSON

3

RECIPE

4

RECIPE 05

나에게
기대도 돼

싱싱한 레몬잎으로
시원하게 즐기는
투병 베이스 어레인지먼트

BLESS YOU
FLOWER LESSON

no. 05

줄기를 훤히 들여다볼 수 있는 투명 베이스 어레인지먼트.
공간을 화사하게 밝혀줄 오렌지 캄파넬라와
강렬한 보라색 수국을 매치해보자.
대조적인 컬러의 꽃에 시원한 그린 소재가 어우러져
여름날의 갈증을 상쾌하게 날려줄 것만 같다.
튼튼한 레몬잎을 촘촘히 채운 틈 사이로
가만히 기대듯 수국을 넣어준다.
얼굴이 큰 꽃들이 쓰러지지 않도록 든든히 버티는 고마운 존재.
테이블 위에 놓인 투명한 화병처럼
가리거나 꾸미지 않아도 충분히 멋진 사람에게
조용히 건네고 싶은 한마디가 있었다.
"예쁜데 솔직하기까지 하니 고마워."

Bless You Flower TIP

§ 유리 화기일 경우 화기 안쪽으로 엽란이나 몬스테라처럼 넓은 잎을 둘러서 깔끔하게 처리해줄 수 있다.

§ 얼굴이 큰 꽃을 위주로 사용할 때는 길이감이 있는 소재를 함께 섞어주는 게 좋다.

§ 물에 들어가는 줄기의 잎사귀는 꼭 제거하고, 사선으로 들어가는 줄기를 고려해 길게 재단한다.

§ 분명히 대조되는 컬러의 꽃을 조합할 때는 열매나 꽃봉오리와 같은 소재를 사용해 싱그러운 분위기를 연출한다.

BLESS YOU
FLOWER LESSON

no. 05

Ingredients
레몬잎 10~15줄기, 오렌지 캄파넬라 5송이, 보라색 수국 1송이, 재스민 나뭇가지 약간

Supplies
화병, 워터프루프 테이프

Recipe

1   투명한 유리 화기에 워터프루프 테이프를 이용해 격자무늬로 칸막이를 만든다.

2   아랫부분의 잎사귀를 제거한 레몬잎을 각 칸마다 사선으로 넣어 형태를 잡아준다.

3   남은 레몬잎을 화병 사이즈의 1.5배 크기로 넘치듯 풍성하게 채운다.

4   얼굴이 큰 보라색 수국을 가장 왼쪽 뒤 칸에 넣는다.

5   얼굴이 큰 오렌지 캄파넬라를 나머지 칸에 각각 1송이씩 넣어준다.

6   얼굴이 뾰족한 재스민 나무를 장미 사이사이에 꽂아서 싱그러움을 더한다.

RECIPE

1

2

3

4

5

RECIPE

6

RECIPE 06

Green Green Garden!

수수하면서 화려한
빈티지 틴 바스켓 어레인지먼트

BLESS YOU
FLOWER LESSON

no. 06

싱그러운 그린 컬러의 소재와 꽃이 피는 가지를 활용해 풍성하게 완성하는 꽃장식.
조용한 공간을 가득 채워주는 부피감이 좋다.
기다란 빈티지 틴 바스켓에 참 잘 어울리는
수수함과 화려함을 모두 가지고 있는 조팝나무.
조팝나무를 만날 수 있는 계절이 너무나 반갑다.
푸릇푸릇한 그린 소재와 청순한
화이트 플라워의 조합은 언제나 옳다.
컬러풀한 봄꽃이 아니어도 담백한 목수국과
앤슈리엄의 고상함이면 충분하다.
가지가 긴 조팝나무가 흘러내리듯 늘어져
풍성하고 화려한 어레인지먼트를 만들어본다.

Bless You Flower TIP

§ 가지가 긴 병꽂이를 할 때는 줄기가 바깥으로 빠져 나와 있지 않은지 확인한다.

§ 물내림이 심한 재스민이나 목수국은 플로럴폼에 꽂는 것보다 물이 담긴 화병에 넣어서 연출하면 더 오래 볼 수 있다.

§ 긴 화병을 사용할 때는 조팝나무처럼 흘러내리는 소재를 함께 사용하면 더욱 쉽게 내추럴한 표현을 할 수 있다.

BLESS YOU
FLOWER LESSON

no. 06

『Ingredients

조팝나무 2단, 목수국 1단, 하얀 수국 1송이, 재스민 나뭇가지 1단, 앤슈리엄 2송이

Supplies

빈티지 바스켓

『Recipe

1 조팝나무를 화기에 꽂아 만들고자 하는 사이즈와 형태를 정한다. 이때 가지가 늘어지면서 길이감이 달라질 것을 고려하여 좌우 대칭을 맞춰준다.

2 향기 좋은 재스민나무를 사이사이에 배치해 한 번 더 풍성함을 살린다.

3 밥이 많이 달린 목수국을 바깥쪽으로 꽂아 싱그러운 모습을 표현해준다.

4 하얀 수국을 앞쪽으로 배치하고 반대편 뒤쪽으로 앤슈리엄을 꽂아 비대칭 포인트를 만들어준다.

RECIPE

<u>1</u>

<u>2</u>

BLESS YOU
FLOWER LESSON

3

RECIPE

4

RECIPE 07

이름
그대로,
블랙뷰티

화려하고 매혹적인
하트 센터피스

BLESS YOU
FLOWER LESSON

no. 07

화려하고 기품 있는 컬러를 담고 있는 블랙뷰티 로즈.
'독특한 질감의 꽃'에 대해 설명할 때
가장 먼저 떠올리는 꽃이다.
벨벳의 질감을 갖고 있는 블랙뷰티 로즈는
품고 있는 컬러도 남다르다.
베르사유 궁전에서 화려함의 극치라고 불리우는
아름다운 거울의 방이 생각난다.
블랙뷰티 로즈의 매혹적이고 화려한 레드 컬러는
그곳의 페인팅을 연상케할 만큼 럭셔리하다.
매혹적인 빨간색 립스틱 컬러로 피어나서
점차 어두운 와인 컬러로 바뀌는 신비로운 장미.
화려하고 매혹적인 느낌의 하트 센터피스에 제격이다.

Bless You Flower TIP

§ 하트 모양의 플로럴폼처럼 뾰족한 모양이 있는 경우에는 작은 꽃망울을 이용해 먼저 형태를 잡아준다. 그 다음으로 남은 면을 채워주는 순으로 만들면 훨씬 수월하게 완성할 수 있다.

§ 플랫한 작품을 만들 때는 플로럴폼의 가운데 부분을 오목하게 재단해주어야 작품을 완성했을 때 평평한 형태가 잘 잡힌다.

§ 블랙뷰티 로즈처럼 어둡고 진한 컬러를 사용할 때는 밝은 컬러의 꽃으로만 조합하면 떠 보일 수 있으므로 옥스퍼드 스카비오사처럼 같은 계열의 소재도 함께 사용해주면 좋다.

no. 07

『Ingredients

블랙뷰티 로즈 10송이, 진한 핑크색 수국 1송이, 클레마티스 1송이, 옥스퍼드 스카비오사 약간, 그린벨 약간, 홍가시나무 약간

Supplies

플로럴폼, 하트 화기

『Recipe

1. 물에 적신 플로럴폼을 하트 화기에 맞게 자른 후, 가운데 부분을 좀 더 오목하게 깎아준다.

2. 블랙뷰티 로즈의 꽃봉오리로 하트의 뾰족한 부분을 먼저 채운 후 큰 장미로 하트 양쪽에 2~3송이씩 꽂아준다.

3. 수국의 꽃송이를 짧게 잘라 나눈 후 전체적으로 채워나간다.

4. 클레마티스로 포인트를 주고 잎사귀를 활용해 그린 컬러가 더해지도록 중간중간 꽂아준다.

5. 옥스퍼드 스카비오사와 그린벨, 홍가시나무와 같은 필러플라워를 사용해 내추럴한 표현을 더해준다.

RECIPE

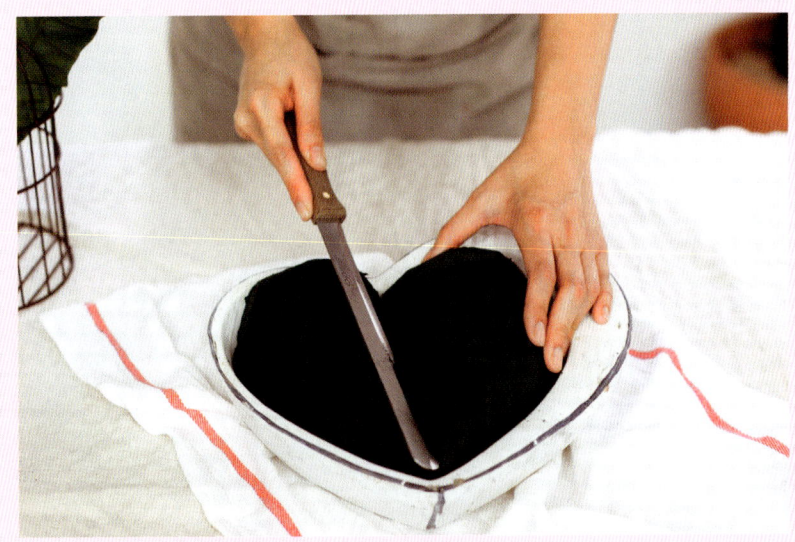

3

4

RECIPE

5

RECIPE 08

5월의
향기를 담아

청순한 리스 센터피스

no. 08

빛깔과 향기 어느 것도 빠지지 않는 작약은 늘 그날의 주인공이 된다.
5월을 기다리는 이유 중 하나는 여러 종류의 작약을 볼 수 있기 때문이다.
탐스러운 작약 꽃봉오리를 꽃시장에서 데려와
서서히 피어나는 모습을 보는 즐거움이 있다.
그래서일까, 꽃봉오리의 작약을 사가는 손님이 오면 언제나 기쁘다.
그 묘한 즐거움을 함께 아는 사람일까 싶어 마음이 반갑다.
작약의 컬러를 닮은 다알리아와 함께 리스를 만들 생각에 설레었다.
다양한 얼굴의 꽃들을 한데 모아 만든 리스는 테이블 센터피스로도 유용하다.
캔들과 함께 선물하면 행복이 두 배!

BLESS YOU
FLOWER LESSON

Bless You Flower TIP

§ 대국도와 같이 흔하게 사용되지 않는 그린 소재를 활용해 나만의 개성을 살려보자.

§ 평평한 얼굴, 동그란 얼굴, 길쭉한 얼굴의 꽃을 다양하게 섞어 활용하면 풍성한 느낌을 줄 수 있다.

§ 서로 다른 느낌의 길이감 있는 소재를 함께 섞어서 사용하면 좀 더 내추럴한 느낌을 줄 수 있다.

§ 포인트 꽃으로 작약 꽃봉오리를 사용하면 꽃이 피는 과정을 보는 즐거움도 누릴 수 있다.

no. 08

Ingredients

대국도 4장, 작약 5송이, 연한 핑크색 다알리아 4송이, 미니 수국 3송이, 리시안셔스
헬레보레스 약간, 램스 5줄기, 페니쿰 3줄기, 오니소갈룸 5개, 그린벨 약간

Supplies

링 플로럴폼, U핀

Recipe

1 물에 적신 플로럴폼의 측면에 대국도를 겹치듯 이어서 감아주고 U핀으로 고정한다.

2 일정한 간격으로 미니수국을 꽂아준다.

3 화형이 다른 다알리아의 얼굴이 한쪽 방향을 향하도록 하여 미니수국 사이사이에 꽂아준다.

4 작약을 다알리아 옆에 꽂아준다.

5 컬러가 비슷한 계열의 헬레보레스와 리시안셔스로 남은 공간을 채운다. 그린벨은 리스 바깥으로 늘어지듯이 꽂아준다.

6 두툼한 오니소갈룸을 이용해 길이감과 무게감 있는 연출을 한다.

7 페니쿰을 비롯한 얇은 라인플라워를 이용해 리듬감을 살린다.

RECIPE

1

2

3

4

5

RECIPE

6

7

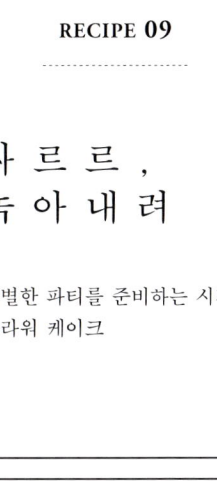

RECIPE 09

사 르 르 ,
녹 아 내 려

특별한 파티를 준비하는 시간,
플라워 케이크

no. 09

어린 시절부터 함께 보고 자라온 친한 친구의 생일파티.
"케이크는 내가 준비할게!"
한 스쿱 한 스쿱 제일 맛있고 예쁜 컬러로
담아 올린 아이스크림 케이크처럼
제일 싱싱하고 사랑스러운 꽃으로 채운
특별한 플라워 케이크를 만든다.
깜짝 놀란 친구의 표정, 환한 웃음소리….
행복한 파티에 어울리는 꽃을 만드는 순간은 언제나 설렌다.

Bless You Flower TIP

§ 화기 바닥에 닿는 플로럴폼 하단에 그린 소재나 열매를 이용해 장식을 해주면 꽃을 더욱 화사하게 받쳐주는 효과가 있다.

§ 백설공주 아이비는 길이가 아주 길기 때문에 반으로 잘라 물에 담가두거나 잎사귀 전체에 워터 스프레이를 자주 해서 물관리를 해야 한다.

§ 예쁜 케이크 상자에 넣어 초와 함께 선물하면 더욱 특별한 생일 케이크가 된다.

§ 여러 송이의 꽃을 그룹핑할 때는 한쪽 지점에 3송이를 꽂고 나머지 반대편쪽으로 나누어 1송이씩 배치해주는 '311법칙'을 따르면 보다 정돈되고 세련된 디자인을 완성할 수 있다.

no. 09

Ingredients

이브피아제 로즈 5송이, 퐁퐁소국 3송이, 리시안셔스 5송이, 클레마티스 3송이, 백설공주 아이비 1줄기, 헬레보레스 약간

Supplies

케이크 받침 화기, 플로럴폼

Recipe

1 손바닥 사이즈로 재단한 플로럴폼을 물에 적신 후 케이크 받침 위에 올린다.

2 이브피아제 로즈 3송이를 먼저 그룹핑하고 1송이씩 나누어 반대편에 꽂아 반구형 외곽라인을 만들어준다.

3 퐁퐁소국도 같은 방법으로 '311법칙'에 따라 나누어 꽂아준다.

4 남은 공간을 리시안셔스로 채운다.

5 백설공주 아이비 1줄로 바닥 부분을 여러 번 감아 플로럴폼을 가린다.

6 줄기의 끝부분을 플로럴폼에 꽂아 마무리한다.

7 헬레보레스를 꽃 사이사이에 꽂아서 싱그러움을 더한다.

8 약간의 간격을 두고 케이크의 측면과 윗부분에 클레마티스로 포인트를 준다.

RECIPE

1

2

3

4

5

RECIPE

6

7

8

RECIPE 10

따뜻한
주말 오후의
초대

화려한 테이블을 위한
촛대 장식 센터피스

BLESS YOU
FLOWER LESSON

no. 10

따뜻한 햇살이 테이블 가득 비친 주말 오후.
친구들을 집으로 초대하는 날이면
좋아하는 제과점의 라즈베리 타르트와 밀푀유를 사서
향긋한 커피와 함께 내어놓고 즐긴다.
오늘의 특별한 테이블 장식을 위해
빈티지한 촛대를 꺼내고 꽃으로 꾸며준다.
친구들과 예쁜 사진을 남기고 싶을 때
촛대 센터피스만 있으면
어느 카페보다 느낌 있는 장면을 연출할 수 있다.

Bless You Flower TIP

§ 특별한 테이블 데코를 원할 때 많은 꽃을 사용하지 않고도 높이감 있는 촛대를 활용하면 화려한 느낌을 연출할 수 있다.

§ 높은 촛대를 사용할 때 꽃의 사이즈를 크게 제작하면 불안정하고 부담스러운 연출이 될 수 있다.

no. 10

Ingredients

블랙뷰티 로즈 5송이, 샤먼트 로즈 3송이, 헬레보레스 약간, 옥스퍼드 스카비오사 약간, 백설공주 아이비 1줄기

Supplies

촛대, 초, 플로럴폼, 플로럴폼 고정틀, U핀, 워터프루프 테이프

Recipe

1 워터프루프 테이프를 이용해 촛대에 플로럴폼 고정틀을 붙인다.

2 물에 적신 플로럴폼을 촛대 사이즈에 알맞게 재단한다.

3 고정틀에 플로럴폼을 깊게 꽂는다.

4 백설공주 아이비로 플로럴폼 옆면을 감고, 끝부분이 위를 향하도록 하여 U핀으로 고정한다.

5 블랙뷰티 로즈를 1송이씩 간격을 두고 꽂아주며 전체 사이즈를 정한다.

6 샤먼트 로즈를 남은 자리에 꽂아준다. 이때 그대로 사용하기도 하고, 겉잎을 제거해 작은 꽃봉오리로 만든 뒤 다양한 크기로 변화를 줄 수 있다.

7 헬레보레스의 얼굴 각도가 서로 다르게 위치하도록 하여 사이사이에 넣는다.

8 옥스퍼드 스카비오사를 낮게 2~3송이, 높게 1~2송이 넣어 리듬감을 표현한다.

9 촛대 중앙에 얇고 긴 초를 꽂아 완성한다.

RECIPE

157

BLESS YOU
FLOWER LESSON

3
4

5
6

RECIPE

_7

_8

_9

RECIPE 11

뚜 또 베 네 !

특별한 장소에 어울리는
돔 형태의 어레인지먼트

no. 11

좋아하는 식당이 하나 있다.
문을 열면 새로운 세상이 시작되는 듯한
목가적인 분위기가 블레스유 플라워와 많이 닮았다.
그곳의 높고 좁은 계단을 올라가
문 앞에 몰래 두고 오고 싶은 센터피스.
목수국이 몽실몽실 피어 있고
계단 위로는 수수한 컬러의 꽃화분들이 줄지어 있다.
담쟁이가 벽을 타고 올라가 있는 모습이 제일 좋다.
내가 좋아하는 사람, 좋아하는 장소, 좋아하는 분위기를
닮고 싶을 때면 어울리는 꽃으로 그 모습을 그려보는 건 어떨까?

BLESS YOU
FLOWER LESSON

RECIPE

Bless You Flower TIP

§ 사이즈가 크고 풍성한 센터피스를 만들고 싶다면 부피감 있는 목수국을 사용하되, 플로럴폼에 꽂아 사용할 경우에는 절대 헐겁게 꽂아서는 안 된다. 목수국은 물을 많이 필요로 하기 때문에 단단하게 꽂아주어야 시들지 않고 오래 볼 수 있다.

§ 단정한 돔 형태로 만든 후 마지막 단계에서 필러플라워로 높낮이를 과감하게 표현한다면 누구나 쉽고 간단하게 프렌치 디자인을 만들 수 있다.

§ 화기의 분위기와 어울리는 컬러의 꽃을 선택하는 것이 중요하다.

no. 11

Ingredients

목수국 5줄기, 보라색 엔틱수국 1송이, 흰색 수국 1송이, 담쟁이넝쿨 약간, 헬레보레스 3송이, 흰색 클레마티스 2송이, 보라색 클레마티스 3송이, 옥스퍼드 스카비오사 약간

Supplies

화기, 플로럴폼

Recipe

1 물에 적신 플로럴폼을 돔 형태의 큰 화기에 맞게 재단해서 넣어준다.

2 다른 컬러의 수국을 양쪽으로 하나씩 꽂고, 화기의 원형 입구 주변으로 담쟁이 넝쿨을 풍성하게 꽂아준다.

3 수국의 높이와 비슷하게 목수국을 배치해 전체적인 돔 형태를 만들어준다.

4 옅은 컬러의 헬레보레스와 흰색 클레마티스로 빈 공간을 채운다.

5 보라색 클레마티스로 포인트를 살려주고, 클레마티스의 꽃봉오리나 옥스퍼드 스카비오사와 같은 길이감 있는 꽃으로 프렌치한 느낌을 표현한다.

RECIPE

1

2

BLESS YOU
FLOWER LESSON

3

4

RECIPE

5

RECIPE 12

숲 속
테이블

매혹적인 컬러의 프렌치 스타일,
새장 센터피스

no. 12

누군가에게 특별한 선물을 하고 싶은 날,
행복한 봄날의 테이블을 화사하게 밝혀줄
새장을 이용한 꽃 장식에 도전하자.
"이렇게 크고 예쁜 꽃이 있어?"
킹 다알리아의 매혹적인 컬러에 한 번 놀라고
새장을 가득 채우는 그 크기에 한 번 더 놀란다.
마치 마리 앙투아네트의 헤드 드레스를 연상케 하는
프렌치한 디자인이 돋보이는 작품.
한 번 보면 눈을 떼기 아쉬운 새장 센터피스를 만들어보자.

BLESS YOU
FLOWER LESSON

옥스퍼드 스카비오사
샤먼트 로즈
킹 다알리아
유니폴라

Bless You Flower TIP

§ 메인이 되는 킹 다알리아와 비슷한 컬러가 믹스된 핑크색 샤먼트 로즈의 겉잎처럼 컬러의 연결 고리를 찾아 소재를 선택해준다.

§ 새장 장식에서는 한쪽으로 타고 올라가는 비대칭 디자인을 연출해주어야 더욱 자연스럽고 멋스러워진다.

no. 12

『Ingredients

킹 다알리아 2송이, 샤먼트 로즈 6송이, 옥스퍼드 스카비오사 5송이, 레몬잎 약간
유니폴라 약간

Supplies

새장, 플로럴폼, 고정 틀, 워터프루프 테이프

『Recipe

1   새장 바닥에 고정 틀을 놓고 워터프루프 테이프로 부착해준다.

2   물에 적신 플로럴폼을 새장보다 작은 사이즈로 재단해서 넣어준다.

3   킹 다알리아 1송이는 새장 바깥에 위치하게 꽂아주고, 나머지 1송이는 새장 안쪽에 위치하게 해준다.

4   플로럴폼이 보이지 않도록 레몬잎으로 안쪽의 빈 공간을 채워주듯이 꽂는다. 샤먼트 로즈로 높이의 변화를 주며 꽂고, 오른쪽 방향으로 갈수록 점점 높게 해준다.

5   붉은 컬러의 옥스퍼드 스카비오사와 작은 꽃들을 킹 다알리아와 샤먼트 로즈 사이에 꽂아 자연스럽게 어우러지도록 해준다.

6   빈티지한 새장과 어울리는 드라이된 유니폴라를 사용해 프렌치한 느낌을 완성한다.

RECIPE

3

4

5

RECIPE

6

RECIPE 13

브 라 이 덜
샤 워
로 망 스

나비처럼 우아하게 내려앉은
손목 코사지

BLESS YOU
FLOWER LESSON

no. 13

16세기 유럽에서 시작된 브라이덜 샤워의 풍습은
선물과 수다로 신부를 샤워시켜준다는 의미로
요즘은 결혼 전에 하는 여자들만의 파티가 되었다.
이런 특별한 순간에 꽃 장식을 빼놓을 수 없다.
그날의 주인공인 신부는 청순한 화관을,
친구들은 손목에 우아한 코사지를 올려
행복한 시간을 더욱 특별하게 만들어준다.
이런 의미 있는 날에 사용되는 장식을
다 함께 모여 직접 만들어본다면 얼마나 좋을까?
얼굴이 큰 꽃 한 송이와 잎사귀 몇 장만 있다면
더욱 기억에 남을 멋진 시간이 될 것이다.

BLESS YOU
FLOWER LESSON

RECIPE

Bless You Flower TIP

§ 손목에 엮는 방식의 코사지는 장시간 신선함을 유지하기 힘들기 때문에 미니 플로럴폼을 사용하되 적당한 사이즈로 제작하기 위해 윗부분을 꼭 납작하게 잘라줘야 한다.

§ 줄기가 두꺼운 장미나 얼굴이 무거운 꽃은 반드시 생화 본드를 사용해야 장시간 안정적으로 고정시킬 수 있다.

§ 줄기를 플로럴폼에 꽂지 않고 U핀으로만 고정하는 경우 물내림으로 인해 축 처질 수 있는 소재는 피하는 게 좋다. 장시간 형태를 유지하는 드라이플라워를 사용하는 센스!

no. 13

『Ingredients

호접난 1송이, 아스파라거스 잎줄기 약간

Supplies

미니 데코레이션 플로럴폼, 18번 지철사, 27번 지철사, 리본

『Recipe

1   미니 플로럴폼의 바깥 고리에 양쪽으로 얇은 레이스 리본을 넣어둔다. 물을 적신 미니 플로럴폼의 둥근 윗부분은 칼로 잘라 납작하게 만든다.

2   27번 지철사로 만든 U핀으로 아스파라거스를 고정시켜 플로럴폼 바깥쪽에 그린 처리를 해준다.

3   18번 지철사로 만든 U핀을 호접난 홀 안쪽으로 걸리게 넣는다.

4   홀에 걸린 U핀을 꾹 눌러 호접난 줄기를 플로럴폼에 단단히 고정하여 완성한다.

RECIPE

1

2

BLESS YOU
FLOWER LESSON

3

RECIPE

4

RECIPE 14

예쁜
설렘

직접 만들어서
더 행복한 웨딩 화관

no. 14

또 다른 나의 취미.
짧게 잘려 사용할 수 없는 꽃들이 있으면
작은 병에 모아두었다가 남는 시간에
혼자 음악을 들으며 화관을 만든다.
반복되는 테이핑 작업이 필요한 만큼
화관을 만드는 동안은 시간 가는 줄 모르고 집중한다.
요리조리 예쁘게 꽃을 나열해보고
거울 앞에 서서 머리에 올려본다.
화관이 완성될 때까지 설레는 기분을 멈출 수 없다.
웨딩을 앞둔 신부라면 꼭 한번 화관을 만들어보기를 권한다.

옥스퍼드
스카비오사 스타티스 홍가시나무

> **Bless You Flower TIP**

§ 사용되는 꽃의 무게에 따라 18번 지철사의 개수를 조절해 구조물을 만들어준다.
 (번호가 낮을수록 두꺼운 철사이다. 예: 18번 > 20번 > 22번)

§ 물 처리가 불가능하므로 장시간 줄기가 노출되어도 신선함이 유지되는 소재를 선택해야 한다.

§ 제작하는 중간중간에 직접 머리에 써보고 거울을 보며 디자인을 체크해주어야 한다.

§ 플로럴 테이프는 꼭 늘려서 사용해야 접착력이 생긴다.

no. 14

▛Ingredients

홍가시나무, 스타티스, 옥스퍼드 스카비오사 약간

Supplies

18번 지철사, 플로럴 테이프, 리본

▛Recipe

1   18번 지철사 전체를 플로럴 테이프로 감아준 후 한 뼘 정도의 지름으로 된 원형 구조물을 만든다.

2   그린 소재로 사용될 홍가시나무를 8~10cm 길이로 잘라서 플로럴 테이프로 줄기를 감아놓는다. 원형구조물에 한쪽 방향으로 이어서 한 개씩 붙여준다.

3   같은 방법으로 스타티스와 옥스퍼드 스카비오사를 번갈아가며 일정한 간격으로 붙여준다.

4   드레스와 어울리는 리본으로 화관의 뒷부분을 장식한다.

RECIPE

BLESS YOU
FLOWER LESSON

3

RECIPE 15

로맨틱 사인

신부의 마음을 담은
부토니에와 내추럴 코사지

no. 15

사랑에 빠진 남자의 손에는 언제나 꽃이 있다.
정중한 마음을 꽃으로 전하는 모습이 아름답다.
꽃을 받은 여자가 승낙의 의미로
받은 꽃의 일부를 남자의 가슴에 꽂아주는 것.
이것이 로맨틱한 부토니에의 유래다.
그래서 웨딩에 쓰이는 부토니에는
신부의 부케 소재의 일부를 활용해서 만든다.
거기에 나만의 작은 포인트를 덧붙여
사랑하는 이의 가슴에 자랑스러운 징표로
달아주는 행복한 상상을 한다.

Bless You Flower TIP

§ 신부의 웨딩 화관과 같은 재료를 활용해서 귀여운 코사지를 완성해본다.

§ 드라이가 가능하거나 단단한 줄기를 가진 소재를 사용한다면 와이어링이 필요 없지만, 물내림이 심하거나 장시간 사용해야 한다면 모든 소재를 와이어링한 후 하나로 엮어주는 방식으로 제작해야 한다.

§ 옷에 손상이 가기 때문에 T핀의 사용을 원하지 않는 분을 위해 코사지용 자석을 사용하는 부착 방법도 알아두면 좋다.

no. 15

Ingredients

홍가시나무, 스타티스, 옥스퍼드 스카비오사 약간

Supplies

플로럴 테이프, 얇은 리본, T핀

Recipe

1 드라이가 가능한 홍가시나무와 스타티스를 하나로 잡고 테이핑해 위치를 고정한다.

2 와이어링한 옥스퍼드 스카비오사를 앞쪽에 낮게 위치한다.

3 뒷면에 T핀을 덧대어준 상태에서 플로럴 테이프로 감아준다.

4 화관과 같은 리본을 사용해 장식한다.

RECIPE

1

2

BLESS YOU
FLOWER LESSON

3

RECIPE

4

RECIPE 16

나랑
결혼해줄래?

특별한 향기를 담은
히아신스 부케

BLESS YOU
FLOWER LESSON

no. 16

"나랑 결혼해줄래?"
사랑하는 사람이 있다면 가장 듣고 싶은 말이 아닐까.
향기 좋은 꽃을 쓱 꺾어와 떨리는 입술로 나에게 청혼을 하는 꿈.
나는 그 향기 좋은 꽃이 히아신스일 거라 생각한다.
특별한 재료 없이 히아신스만으로도 훌륭한 부케가 완성된다.
볼륨감이나 컬러감이 다른 부케와 비교해도 전혀 손색이 없다.
히아신스의 향기를 가만히 모아 수줍은 신부의 손에 안겨주자.
세상에서 가장 아름다운 오늘의 주인공에게.

BLESS YOU
FLOWER LESSON

Bless You Flower TIP

§ 특별한 재료 없이 향기로운 히아신스만으로도 훌륭한 부케가 완성된다.

§ 히아신스의 줄기는 수분이 많으며 두껍기 때문에 온도에 약하다. 장시간 신부가 들고 있을 때 안전하게 형태를 유지하기 위해 꼭 두꺼운 와이어를 넣어줘야 한다. 이때 줄기 밖으로 와이어가 튀어나와 신부의 드레스가 뜯기지 않도록 꼭 점검해줘야 한다.

§ 부케를 만들고 남은 히아신스 꽃봉오리에 그린 소재를 믹스해 묶어주면 근사한 부토니에가 완성된다.

no. 16

Ingredients

히아신스 10대

Supplies

18번 지철사, 노끈, 레이스 리본, 철사 전용 가위

Recipe

1 히아신스의 뿌리 부분을 제거해준다.

2 히아신스의 뿌리 부분에 두꺼운 18번 지철사를 넣어 휘지 않도록 지지대를 만들어주고, 철사 전용 가위로 남은 철사를 깔끔하게 잘라준다.

3 히아신스를 하나씩 잡아서 한데 모은 후, 줄기 부분을 노끈으로 위에서 아래로 감싸주듯이 크게 감아준다.

4 빈티지하면서도 사랑스러운 분위기 연출을 위해 도톰하고 가는 레이스 리본을 선택하여 노끈 위에 한 번 더 감아준다.

5 리본 매듭으로 마무리해준다.

RECIPE

BLESS YOU
FLOWER LESSON

RECIPE

5

RECIPE 17

뜨거운
사랑의
온도만큼

심플한 디자인의
아킬레아 웨딩부케

BLESS YOU
FLOWER LESSON

no. 17

두 사람만을 위한 작은 결혼식.
소소해서 더 예쁜 셀프 웨딩을 준비한다면
운치 있고 개성 있는 아켈리아 부케를 준비해보자.
뜨거운 사랑의 온도만큼
따뜻한 옐로우 컬러의 꽃을 한가득 모은다.
골든볼이나 아킬레아처럼 꽃가루의 향이 짙고
보드라운 질감의 꽃이면 충분하다.
아켈리아는 드라이가 가능한 소재라고 하니
오래도록 그날을 기억하고
추억하기 좋은 고마운 꽃이 될 것이다.

no. 17

▛ **Ingredients**

아킬레아 1다발, 페니쿰 10줄기

Supplies

리본, 깃털

▛ **Recipe**

1   플랫한 얼굴을 가진 아킬레아를 계단식으로 높낮이의 변화를 주며 원형이 되도록 잡는다. 꽃대는 짧지 않게 길이감을 주는 선에서 잘라서 정리해준다.

2   아킬레아 안쪽으로 페니쿰을 끼워 넣듯이 잡는다.

3   여러 종류의 레이스 리본과 깃털 장식을 더해서 묶어준다.

Bless You Flower TIP

§ 작고 평평한 형태의 꽃으로 둥근 원형의 부케를 만들기란 쉽지 않다. 계단식 높낮이 조절로 난이도 높은 웨딩부케를 연습해보자.

§ 작은 결혼식, 셀프 웨딩이 트렌드인 만큼 기존에 많이 쓰던 작약이나 줄리엣 로즈 부케에서 벗어나 나만의 개성을 살린 웨딩 부케를 만들어보면 어떨까?

BLESS YOU
FLOWER LESSON

2

RECIPE

3

RECIPE 18

일상의
플로리스트를
꿈꾸며

언제나 새로운 매력,
프렌치 스타일 핸드타이드

BLESS YOU
FLOWER LESSON

no. 18

5년째 단골손님이 있다.
매년 사랑하는 사람과의 기념일에 꽃을 사러 오시더니
올해는 드디어 첫 번째 결혼기념일이라며
프렌치 스타일의 핸드타이드를 주문한다.
"포장지 없이 녹색 잎으로 묶어주세요, 프렌치 스타일이요."
조금은 어색한 표현으로 주문하는 것 같아도
정확히 어떤 것을 원하는지 알고 있다.
가끔은 내가 플로리스트인데도 오히려 손님에게
더욱 센스 있는 방법을 배울 때가 많다.
꽃의 매력이란 정답이 없다는 것!
누구의 생각을 거치고 누구의 손으로 완성되느냐에 따라
늘 새로운 디자인이 만들어진다.
그중에서도 프렌치 핸드타이드의 매력은 같은 소재를 사용해도
항상 새로운 느낌으로 완성된다는 것이다.

BLESS YOU
FLOWER LESSON

장녹수　　　　다알리아　　　　　　장미(3D)　　　줄헤드라

Bless You Flower TIP

§ 클레마티스나 반다를 라피아끈에 끼워서 사용하면 더욱 화려한 장식이 가능하다.

§ 얼굴이 작은 여러 가지 종류의 꽃을 준비해 더욱 내추럴한 디자인으로 응용이 가능하다.

§ 붉은색 다알리아와 어울리는 화려한 톤의 장미를 사용하면 좋다.

no. 18

⟦Ingredients
다알리아 8송이, 장미(3D) 10송이, 장녹수 5~6줄기, 줄헤드라 1줄

Supplies
라피아끈

⟦Recipe

1. 핸드타이드에 사용하기 편하도록 장녹수를 세 뼘 정도 길이로 자른다.

2. 알맹이가 큰 열매 줄기는 짧게, 잎사귀가 달린 자잘한 몽우리 줄기는 좀 더 길게 하여 준비한다

3. 장미 10송이를 반구 형태로 잡아준다.

4. 장미 주변으로 장녹수를 높게 위치한다.

5. 다알리아의 얼굴 방향과 높이를 조절해 장미 주변으로 배열하고, 일부는 장미 사이에 끼워넣듯이 위치해준다.

6. 줄기와 비슷한 컬러의 라피아끈으로 바인딩한다.

7. 줄헤드라를 라피아끈 사이로 넣어 고정한다.

8. 그 상태에서 줄기 부분을 감싸듯 돌려서 가려주고 끝부분은 풀리지 않도록 다시 라피아끈 사이에 끼워넣는다.

RECIPE

1

2

BLESS YOU
FLOWER LESSON

3

4

RECIPE

5

6

7_

8_

RECIPE

RECIPE 19

행복을 심은
작은 꽃밭

봄을 알리는
튤립 센터피스

no. 19

봄을 알리는 꽃 중 가장 대표적인 것이 튤립이다.
튤립은 알뿌리 식물로 화단에 심어 놓으면 여러해살이도 가능하고
그 꽃잎은 술을 빚는 데에 쓰이기도 한다.
얼굴도 예쁘고 마음씨도 예쁜 꽃.
보고 있으면 저절로 웃음을 짓게 되고
저절로 노래하고 싶어지게 만든다.
귀여운 돌멩이 아래에 작은 이끼 마을을 만들어
마치 꽃밭을 연상케 하는 튤립 센터피스는
고마운 사람에게 꼭 선물하고 싶은 첫 번째 꽃이다.

Bless You Flower TIP

§ 가로로 긴 화기에 병렬형으로 제작해야 하기 때문에 남은
   공간 없이 플로럴폼을 셋팅한다.

§ 튤립은 온도와 햇빛에 약하기 때문에 직사광선이나 온도
   가 높은 곳을 피해야 한다.

§ 꽃꽂이가 아닌 꽃밭에 심긴 느낌을 주기 위해 비단이끼와
   화기에 어울리는 스톤을 선택한다.

no. 19

Ingredients
튤립 6송이, 비단이끼 약간

Supplies
가로형 화기, 플로럴폼, 스톤

Recipe

1. 가로로 긴 화기를 준비하고 물에 적신 플로럴폼을 빈 공간 없이 크기에 맞게 잘라서 넣어준다.

2. 꽃꽂이가 아닌 화분의 느낌을 주기 위해 튤립의 방향과 높이의 변화를 주며 자연스러운 모습을 연출한다.

3. 길이 때문에 사용하지 못한 튤립의 잎사귀를 따로 모아 튤립 주변에 꽂아준다.

4. 비단이끼는 손으로 쥐었다 폈다를 반복하며 마사지하듯이 적셔준 후 플로럴폼 위에 올려 가려준다.

5. 화기와 어울리는 스톤으로 마지막 장식을 더한다.

RECIPE

1

2

247

BLESS YOU
FLOWER LESSON

3

4

RECIPE

5

RECIPE 20

안녕,
인사하는
꼬마인형

창가에 놓인
귀여운 토피어리

no. 20

옐로우 폰폰 라넌큘러스, 오렌지 패롯 튤립, 스노우 그린 수국….
옹기종기 모여 있는 모습이 참 귀엽다.
나를 부지런하게 만드는 발랄한 꼬마인형.
창가에 있는 티 테이블 위에 올려 놓으니
귀여운 꼬마인형이 빼꼼이 머리를 내밀고
하늘을 바라보고 있는 듯하다.
꽃을 오래오래 보고 싶은 마음은 우리 모두가 같을 것이다.
줄기를 짧게 자른 꽃을 물에 흠뻑 적신
플로럴폼에 꽂으면 꽃잎이 물을 먹는 경로가 짧고,
물이 분산될 잎사귀도 없으니 모두 꽃잎으로 향한다.
물을 자주 주고 돌봐주어야 하는 꽃.
자꾸 보고 싶고 자꾸 손이 가지만
귀찮지 않고 오히려 기분이 좋아진다.
자꾸만 마음이 가는 나의 귀여운 토피어리.

Bless You Flower TIP

§ 튤립을 짧은 길이로 잘라서 사용할 때는 튤립의 잎사귀와 함께 플로럴 테이프를 감아서 사용하기도 한다.

§ 뽕나무 대신 다래넝쿨, 대나무, 망채나무 등 다양한 소재를 사용하면 유니크한 디자인을 완성할 수 있다.

§ 토피어리에 사용되는 화기와 원형 플로럴폼의 크기를 감안해 균형에 맞게 제작한다.

BLESS YOU
FLOWER LESSON

no. 20

Ingredients

패롯 튤립 4송이, 오니소갈룸 5송이, 라넌큘러스 2송이, 클레마티스 꽃봉오리, 아스크레피아스 약간, 헬레보레스 3송이, 수국 1송이, 분홍색 스프레이 카네이션 3송이, 뽕나무 가지 2개

Supplies

화기, 플로럴폼, 원형 플로럴폼

Recipe

1   물에 적신 플로럴폼을 화기에 맞게 잘라 넣는다. 뽕나무 가지 2개를 모아 한쪽 끝을 묶어주고 자유로운 각도로 배치하여 화기 끝까지 꽂는다.

2   묶여 있는 뽕나무 가지 끝에 물에 적신 원형 플로럴폼이 3cm 정도 들어가도록 꽂아준다.

3   수국을 짧게 잘라 5군데에 나누어 꽂으며 원형으로 외곽라인을 잡는다.

4   튤립은 짧게 잘라 잎사귀와 함께 테이핑을 하고 수국과 비슷한 높이로 여러 군데에 꽂는다.

5   헬레보레스, 스프레이 카네이션, 라넌큘러스 등 비슷한 크기의 소재들로 빈 공간을 채워준다.

6   길이감 있는 오니소갈룸을 넣어 다양한 느낌을 준다.

7   알갱이 형태의 아스크레피아스와 클레마티스 꽃봉오리로 마무리한다.

8   원형 플로럴폼에 사용되었던 소재들을 사용해 하단의 화기에 꽂아 통일감을 준다.

1

2

BLESS YOU
FLOWER LESSON

3

4

5

6

7

8

RECIPE 21

나에게
힘을 줘!

생명력 강한
다육식물 심기

BLESS YOU
FLOWER LESSON

no. 21

수분이 적고 건조한 날씨의 지역에서 살아남기 위해
땅 위의 줄기나 잎에 많은 양의 수분을 저장하고 있는 다육식물.
거친 환경에서도 잘 견뎌내는, 생명력이 강한 녀석들이다.
식물의 생김새가 아주 다양하고 키우기 편리해서
종류별로 모으는 재미가 있다.
그린 인테리어에서 빠질 수 없는 트렌디한 다육식물을 방 안에 들여보자.
평범했던 공간이 특별한 분위기로 물들어가는 즐거움이 있다.

no. 21

Ingredients

다육식물 2종류

Supplies

모종삽, 화분, 마사토, 배양토, 망, 컬러스톤, 장갑

Recipe

1 분공이 준비되어 있는 화분에 분공 크기로 자른 망을 덮어준다.

2 크기가 큰 마사토를 먼저 깔아 배수층을 만들어준다. 화분 크기에 비례하여 1/4 정도만 깔아주는 게 좋다.

3 선인장을 한쪽 손으로 잡고 마사토와 배양토를 섞은 흙을 채우며 높이 조절을 해준다.

4 선인장 주변을 살살 누르며 화분에 고정시켜준다. 이때 뿌리 부분을 너무 세게 누르지 않도록 하며, 식물 얼굴에 상처가 나지 않게 한다.

5 화분의 빈 공간에 키가 작은 다육식물을 더해 디자인한다.

6 컬러스톤으로 마감한 후, 컨셉과 어울리는 스톤을 정해 장식한다.

RECIPE

3

4

5

Bless you Flower TIP

§ 시즌별 또는 컨셉별로 나뭇가지, 스톤, 오너먼트 등을 사용하면 개성 있는 다육식물 화분을 디자인할 수 있다.

§ 분갈이 전에 함께 심겨 있던 흙을 섞어주면 큰 환경의 변화에도 식물이 잘 적응할 수 있다.

§ 분갈이를 한 후 즉시 물을 주지 않고 1~2일 후에 주는 것이 좋다.

6

RECIPE 22

한 결 같 은
너 의 매 력

모던한 느낌의
다육식물 심기

BLESS YOU
FLOWER LESSON

no. 22

나무 시장이나 모종을 판매하는 트럭에서
저렴한 가격으로 구매한 다육식물은
누구나 쉽게 키울 수 있다.
모종 상태로 키워도 좋지만 더욱 튼튼하게
뿌리가 자리잡고 자랄 수 있도록
분갈이를 해주는 것이 좋다.
특이한 모양의 다육식물이 유행하고 있어서
더욱 마니아층이 많아지고 있다.
우리 집 인테리어와 어울리는 화분을 골라
옮겨 심으면 모던한 분위기의 공간이 완성될 것이다.

Bless You Flower TIP

§ 다육식물을 옮겨 심을 때 뿌리 부분을 너무 세게 누르지 않도록 주의한다.
다육식물 얼굴에 상처가 나지 않게 다룬다.

no. 22

Ingredients

다육식물

Supplies

모종삽, 화분, 마사토, 배양토, 마감돌, 자갈, 장갑, 나무 막대, 컬러스톤

Recipe

1. 분공이 준비되어 있는 화분에 분공 크기로 자른 망을 덮어준다.

2. 크기가 큰 마사토을 먼저 넣어 배수층을 깔아준다. 화분 크기에 비례하여 1/4 정도만 깔아주는 게 좋다.

3. 모종에 있던 흙을 함께 섞어준다.

4. 뿌리의 길이를 고려하여 자리를 만들어준다.

5. 나무 막대와 가위를 이용하여 다육식물 주변을 살살 누르며 다육이를 고정시켜준다.

6. 윗부분을 컬러스톤으로 마감하여 마무리한다.

RECIPE

1

2

3

4

5

RECIPE

6

RECIPE 23

언제나
크리스마스

오래 두고 볼 수 있는
드라이 리스

BLESS YOU
FLOWER LESSON

no. 23

겨울이 기다려지는 이유는
아마도 크리스마스의 계절이기 때문이다.
이맘때 쯤이면 나의 특별한 지인들에게
크리스마스 리스를 만들어 선물하느라 바쁘다.
누군가에게 의미 있고 행복한 꽃 선물이 되었으면 하는
바람은 모든 플로리스트들의 생각.
"365일 크리스마스 같으면 얼마나 좋을까?"
드라이가 가능한 향기 좋은 유칼립투스를 사용해
오래오래 볼 수 있는 드라이 리스를 만든다.
빨간 리본을 질끈 묶어 선물하면 이만한 크리스마스 선물이 없겠지?

Bless You Flower TIP

§ 리스는 나무틀로 된 구조물이므로 물 처리가 불가능하기 때문에 드라이가 가능한 소재를 선택해주는 게 좋다.

§ 전체 틀의 3/4, 2/3, 1/2 지점에 미리 마킹을 해놓고 장식할 부분을 구상하며 제작한다. 완벽한 대칭의 느낌보다는 비대칭으로 채워서 마무리하면 보다 세련된 느낌을 줄 수 있다.

no. 23

▛Ingredients

유칼립투스 블랙잭, 유칼립투스 폴리

Supplies

대형 나무틀

▛Recipe

1   다양한 사이즈의 나무틀 중 가장 큰 사이즈를 준비한다.

2   납작한 유칼립투스 폴리를 한쪽 방향으로 계속 끼워 넣는다.

3   그 위에 같은 길이의 유칼립투스 블랙잭을 일정한 간격으로 높이감 있게 끼워 넣는다.
    처음 구상한 지점까지 채운 후 마무리한다.

RECIPE

1

2

3

RECIPE 24

톡톡,
나를 기억해!

동글동글 귀여운
플라워볼 포멘더

no. 24

앙증맞고 동글동글한 플라워볼.
집 앞 테라스에 앉아 흔들흔들
바람에 춤추는 모습을 보며 하루를 보낸다.
생각날 때마다 물도 적셔주고
손바닥으로 툭툭 쳐서 흔들어보기도 한다.
가만히 걸어 놓으면 어느 공간이든
경쾌한 분위기로 만들어주는 사랑스러운 포멘더.
꽃의 얼굴이 빼곡하게 담기도록 채우고
귀여운 강아지풀로 따뜻함을 표현하며
나비가 내려앉는 듯한 호접의 모습을 함께 그려보았다.

Bless You Flower TIP

§ 장미꽃을 짧게 재단하여 사용할 때는 장미의 측면까지만 잡고 넣어준다. 장미의 얼굴을 손으로 스치거나 누르게 되면 갈변하여 꽃잎이 깨끗하고 신선한 상태를 유지하기 어렵다.

no. 24

❝Ingredients

목수국 5송이, 마르시아 로즈 6송이, 리시안셔스 5송이, 호접 5송이, 루스커스 약간, 강아지풀 약간

Supplies

리본, 원형 플로럴폼, 18번 지철사, 플로럴 테이프

❝Recipe

1　18번 지철사를 플로럴 테이프로 감싸준다.

2　약 10cm 정도로 자른 마르시아 로즈 줄기에 지철사를 감은 후 나머지를 꼬아 일자로 만들어준다.

3　물에 적신 원형 플로럴폼에 지철사를 일직선으로 관통한 후 꼬여 있는 지철사의 끝부분을 풀어 두께감 있는 리본에 이어준다.

4　리본을 천장 쪽에 연결시켜 플로럴폼이 아래쪽으로 내려오게 하여 높이를 맞춰준다. 마르시아 로즈를 같은 길이로 잘라 위에서 아래, 양 옆으로 간격을 맞추어 넣는다.

5　비슷한 크기의 리시안셔스와 목수국을 이용해 공간을 채우며 원형을 만든다. 루스커스로 중간중간 그린 처리를 해주면 좋다.

6　나비가 내려앉듯이 호접을 꽂아 마무리하고 강아지풀을 군데군데 꽂아 리듬감을 표현한다.

RECIPE

1

2

3

4

5

RECIPE

6

RECIPE 25

축복해,
오늘을!

기쁜 날을 위한
특별한 웨딩 아치

BLESS YOU
FLOWER LESSON

no. 25

새하얀 웨딩 천을 감은 아치를 처음 디자인하던 날.
외국 영화나 웨딩 잡지에서만 보던 웨딩아치를
직접 만들 수 있다는 사실이 신기하고 기뻤다.
플로리스트를 꿈꾸는 사람이라면 누구나
가장 배워보고 싶은 작업일 것이다.
나무를 직접 고르고 아치 디자인에 따라
플로럴폼의 위치를 정한다.
그날의 웨딩 공간과 어울리는 원단을 고르는 일까지
육체적으로 고되고 부담도 크지만
'플로리스트가 되길 잘했어!' 하고
느낄 만큼 보람 있는 작업이다.
축복하는 마음을 담아 특별한 웨딩 아치를 만들어보자.

Bless You Flower **TIP**

§ 웨딩 공간에 맞는 높이와 폭을 고려해 아치 구조물을 설치해준다.

§ 아치 구조물에 플로럴폼을 고정시킬 때는 나무 아래로 고정해야 꽃을 꽂아도 꽃의 무게 때문에 흘러내리지 않는다.

no. 25

『Ingredients

목수국, 보라색 수국, 오렌지 캄파넬라 로즈, 보라색 클레마티스, 베어글라스
(아치 사이즈에 맞는 수량으로 준비)

Supplies

아치 구조물, 플로럴폼, 워터프루프 테이프, 실크 레이스

『Recipe

1   물에 적신 플로럴폼을 워터프루프 테이프를 이용해 아치에 단단히 묶어준다. 고정된 플로럴폼의 모양대로 목수국을 꽂아 그린 처리를 해준다.

2   그린 처리된 아치 안쪽으로 오렌지 캄파넬라 로즈를 3송이, 2송이, 1송이씩 변화를 주며 그룹핑한다.

3   그린 처리된 아치 안쪽으로 클레마티스를 짧게 꽂는다.

4   아치의 측면을 제외한 라인에 클레마티스를 30cm~50cm 정도 아래로 길게 늘어뜨리듯이 꽂아준다.

5   플로럴폼 1개당 1송이씩 보라색 수국을 꽂는다. 장미 주변으로 배치하고 볼륨감 있게 베어글라스를 세워 꽂는다.

6   웨딩 분위기에 어울리는 패브릭이나 실크 레이스를 둘러 장식해준다.

1

2

3

4

5

FLOWER
MARKET

part 4

FLOWER
MARKET

오늘의 꽃을
준비하는 시간

플로리스트로서 가장 중요하게 여기는 일 중에 첫 번째는 바로 꽃시장에 가는 일이에요. 좋은 꽃과 소재를 알아보고 어떻게 준비하느냐에 따라 완성되는 작품의 질이 달라지니까요.

꽃을 좋아해서 꽃시장에 방문해봤다면 이미 알겠지만, 처음 가보면 생각보다 넓고 복잡해서 같은 곳을 맴도는 경우가 많아요. 꽃시장에 도착하면 처음 출발하는 상점의 호수를 기준으로 루트를 짜서 다니는 습관을 가지면 좋아요.

서울에 있는 꽃시장 중에서 주로 강남 고속터미널에 있는 꽃시장을 이용하는 편이에요. 꽃이 들어오는 월, 수, 금은 꼭 들러서 꽃을 사고 숍에 싱싱하게 정리해두어요. 학생들과 함께 꽃시장을 방문하는 날은 전체적으로 둘러보며 상세히 소개하곤 해요.

어떤 상점에 어떤 꽃 위주로 판매가 되는지, 어떤 요일에 국산꽃이 들어오고 어떤 요일에 수입꽃이 들어오는지를 알고 있다면 훨씬 효과적으로 꽃을 구매할 수 있겠지요? 생화 시장과 조화 시장의 영업시간이 각각 다르고 화기를 판매하는 상점의 영업시간도 요일마다 다르기 때문에 미리 검색해서 알아두는 것이 좋아요.

강남 고속터미널 꽃시장 구매 TIP

no. 01   126ho
햇빛원예

대부분의 장미 종류를 모두 보유하고 있다. 장미를 고를 때는 꽃잎에 상처가 있지 않은지 자세히 확인하고 꽃잎이 꽉 차 있고 단단해보이는 것으로 고른다.

```
no. 02                154ho
       세 유 상 사
```

고급스러운 수입 장미가 가득한 곳이다. 종이와 비닐로 감싸져 있는 수입 장미는 겉으로 보이는 장미 외에 안쪽에 있는 장미들도 모두 신선한지 꼭 확인하고 구매한다.

```
no. 03                 89ho
       다 원 플 라 워
```

다채로운 컬러의 스프레이 장미가 많다. 진한 컬러의 스프레이 장미로 멋스러운 드라이플라워를 만들어보면 어떨까?

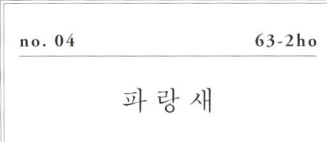

| no. 04 | 63-2ho |

파 랑 새

웨딩부케에 많이 사용되는 탐스러운 작약과 신선한 카라를 만나볼 수 있다.

| no. 05 | 85ho |

일 광 원 예

향기 좋은 히아신스와 독특한 생김새의 수입꽃이 많아서 자주 들르게 되는 상점이다.

FLOWER
MARKET

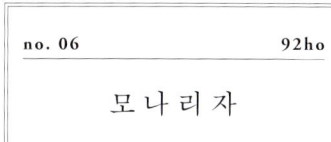

no. 06	92ho
모 나 리 자	

스카비오사, 스위트피, 이베리스, 아미초 등 얼굴이 작은 종류의 꽃이 많은 곳이다.
내추럴한 작품을 만들 때 활용하면 좋을 소재들이다.

BLESS YOU
FLOWER LESSON

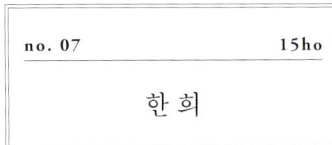

no. 07   15ho
한 희

리시안셔스, 작약, 헬레보레스, 퐁퐁소국, 하노이, 베로니카, 튤립, 카라 등 특정한 종류가 아닌 많은 종류의 꽃이 진열되어 있어 한눈에 시즌 플라워를 파악하여 구매하기 용이하다.

FLOWER
MARKET

no. 08	90ho
수 아 레	

꽃시장에서 유난히 수국을 많이 볼 수 있는 철이 있다. 그중에서도 다양한 컬러의 수국을 만나볼 수 있는 곳이다.

no. 09	87ho
청 운 원 예	

달콤한 향의 작약과 신선한 품질의 좋은 수국이 가득한 곳이다. 각종 장미와 리시안셔스도 함께 만나볼 수 있는 나의 첫 번째 단골집이다.

no. 10	17ho
소 재 2 호	

꽃을 고르는 일만큼이나 꽃의 컬러나 질감과 어울리는 그린 소재의 종류를 선택하는 일이 중요하다. 파스텔 종류의 밝은 꽃에는 냉이초나, 장녹수, 목수국처럼 밝고 가벼운 톤의 그린 소재가 잘 어울리고 어두운 컬러의 꽃은 담쟁이 열매나 아이비, 아스파라거스처럼 중후하고 무거운 톤의 그린 소재가 어울린다. 꽃시장 한쪽의 소재 코너에 가면 다양한 종류의 그린 소재가 모여 있다.

```
no. 11                    94ho
        우 정 원 예
```

싱싱한 국산 유칼립투스를 만나볼 수 있다. 유칼립투스는 아로마 오일로도 사용할 만큼 향기가 좋고 드라이도 가능해서 인테리어 소재로 많이 활용한다.

```
no. 12                   180ho
        현 대 데 코
```

각종 리본, 포장지, 꽃가위, 바인딩 끈, 플로럴폼, 인테리어 소품 등 플라워숍에 필요한 모든 부자재를 판매하는 곳이다.

블레스유 플라워 레슨

1판 1쇄 발행 2016년 8월 10일
1판 5쇄 발행 2020년 9월 3일

지은이 최민지
펴낸이 고병욱

책임편집 이새봄　**기획편집** 이미현
마케팅 이일권, 한동우, 김윤성, 김재욱, 이애주, 오정민
디자인 공희, 진미나, 백은주　**외서기획** 이슬
제작 김기창　**관리** 주동은, 조재언　**총무** 문준기, 노재경, 송민진

사진 김민지
어시스턴트 정수연

펴낸곳 청림출판(주)
등록 제1989-000026호

본사 06048 서울시 강남구 도산대로33길 11 청림출판(주) (논현동 63)
제2사옥 10881 경기도 파주시 회동길 173 청림아트스페이스 (문발동 518-6)
전화 02-546-4341　**팩스** 02-546-8053
홈페이지 www.chungrim.com　**이메일** life@chungrim.com
블로그 blog.naver.com/chungrimlife　**페이스북** www.facebook.com/chungrimlife

ISBN 978-89-97195-87-9(13630)

이 책은 저작권법에 따라 보호를 받는 저작물이므로 무단 전재와 무단 복제를 금합니다.

- 이 책은 저작권법에 따라 보호를 받는 저작물이므로 무단 전재와 무단 복제를 금합니다.
- 책값은 뒤표지에 있습니다. 잘못된 책은 구입하신 서점에서 바꾸어 드립니다.
- 청림Life는 청림출판(주)의 논픽션·실용도서 전문 브랜드입니다.
- 이 도서의 국립중앙도서관 출판예정도서목록(CIP)은 서지정보유통지원시스템 홈페이지(http://seoji.nl.go.kr)와 국가자료공동목록시스템(http://www.nl.go.kr/kolisnet)에서 이용하실 수 있습니다. (CIP제어번호: 2016017508)